金蝶 ERP 实验课程指定教材

金蝶 K/3 Cloud 供应链管理系统实验教程

傅仕伟　陈婧婧
彭　愕　李倩倩　著

清华大学出版社
北　京

内 容 简 介

本书将以金蝶K/3Cloud最新教学版为平台,引入企业的管理案例背景,采用业务流程与管理知识相结合的模式,分章节详细介绍供应链管理中的应用知识,包括销售管理、信用管理、促销管理、分销要补货管理、返利管理、供应商协同、采购管理、组织间结算、库存管理、存货核算等。

本书适合高等院校经管类相关专业学习,也可用于会计类、管理类培训机构的教学。本书教学资源丰富,配备K/3 Cloud教学版安装程序、实验账套、教学课件、考题及答案,以备教学所需。

本书封面贴有清华大学出版社防伪标签,无标签者不得销售。
版权所有,侵权必究。举报:010-62782989,beiqinquan@tup.tsinghua.edu.cn。

图书在版编目(CIP)数据

金蝶K/3 Cloud供应链管理系统实验教程 / 傅仕伟 等著. —北京:清华大学出版社,2017(2023.1重印)
(金蝶ERP实验课程指定教材)
ISBN 978-7-302-46747-2

Ⅰ. ①金… Ⅱ. ①傅… Ⅲ. ①供应链管理—计算机管理系统—教材 Ⅳ. ①F252-39

中国版本图书馆CIP数据核字(2017)第048060号

责任编辑:崔　伟　马遥遥
封面设计:周晓亮
版式设计:方加青
责任校对:成凤进
责任印制:宋　林

出版发行:清华大学出版社
　　　　　网　　址:http://www.tup.com.cn,http://www.wqbook.com
　　　　　地　　址:北京清华大学学研大厦A座　　邮　编:100084
　　　　　社 总 机:010-83470000　　　　　　　　邮　购:010-62786544
　　　　　投稿与读者服务:010-62776969,c-service@tup.tsinghua.edu.cn
　　　　　质 量 反 馈:010-62772015,zhiliang@tup.tsinghua.edu.cn
印 装 者:艺通印刷(天津)有限公司
经　　销:全国新华书店
开　　本:185mm×260mm　　印　张:15.25　　字　数:352千字
版　　次:2017年4月第1版　　印　次:2023年1月第12次印刷
定　　价:48.00元

产品编号:074041-03

前　言

互联网技术的进步，推动着中国企业的业务模式和个人的消费模式发生了翻天覆地的变化，也造就了诸多互联网巨头公司。同时，这些互联网公司也快速推进着中国企业互联网化的步伐。

"互联网+"概念的提出，是对中国企业向互联网转型的指引。在"互联网+"模式的影响下，传统企业的生存环境发生了很大的变化，从以往单个企业之间竞争的模式转向了产业环境之间的竞争和合作。如果机会把握得好，可以借助互联网获得更多的机会，让企业有更快、更广的发展；如果把握不好，很可能在更加严峻的竞争中被淘汰出局。

在互联网化的产业环境下，企业的管理模式也在不断进化。

首先，企业对于管理的实时性、精确性要求更高了。无论何时、何地，企业高层都希望能通过电脑、手机等移动设备随时获知企业经营的财务数据、业务数据。而经常在外联系业务的营销人员，也希望能随时随地自助查询到所需要的产品报价、库存等信息，以便更有效地推进业务。这些管理需求、业务需求都是促成管理软件不断进步的重要因素。

其次，随着企业业务的逐步扩展以及市场经营范围的扩大，跨地域多组织的运作模式已经成为很多企业的典型架构和管理方式。如何有效管理不同地区的组织，如何在多地域的协作中保持高效率的运作，这些都是企业高层会经常碰到的难题。

再次，多组织的运作模式以及管理的精细化，使企业高层对于考核模式的要求越来越高。多组织的协作模式下，高层不仅仅要了解整个组织法人体系的经营情况和考核数据，还需要了解在组织内部不同产品事业部、不同地区经营单元等角度来评价的经营效率，也就是独立核算的考核模式。

以上这些因素都是促使管理软件企业借助互联网以及移动互联网技术，并融入优秀企业的管理模式，推出创新型管理软件的重要原因。

金蝶作为国内知名的管理软件厂商，不仅在财务管理领域一直保持领先优势，在技术创新和管理模式的融合上也一直处于国内领先的地位，故本书以金蝶具有划时代意义的创新产品K/3 Cloud为蓝本来编写"互联网+"时代下的财务管理系统的相关案例教程。

K/3 Cloud是金蝶采用最新的云计算技术开发的适应在互联网商业环境和"云+端"模式下运行的新一代企业管理软件，致力于打造"开放""标准""社交"的企业管理应用架构，为中国企业提供更加开放、更加强大、更加便捷的管理软件，强化企业的管理竞争力。

在财务管理方面，K/3 Cloud具备以下几个显著的特性。

- 具有动态扩展的财务核算体系。既可以根据对外披露财报的需要构建法人账，也可以依据企业管理的需要构建利润中心管理账，并建立管理所需的多个维度的核算体系，包括按产品线、按地域管理、按行政组织的核算，实现对不同组织的独立业绩考核。

- 精细化的利润中心考核体系。既可以实现按企业、按事业部进行利润中心考核，还可以进一步层层分解，按照阿米巴的经营管理模式，实现按经营单元、按团队进行精细化的利润考核。
- 通过智能会计平台实现真正的平台级财务核算。智能会计平台在总账与业务系统之间搭建起桥梁，既实现了财务与业务的独立性，又能轻松建立连接，加大财务与业务处理的灵活度，真正实现了业务随时发生、财务随时核算的管理需要。
- 多组织财务集中管控。K/3 Cloud通过科目等基础资料的共享、凭证模板的统一、内部账户的管理、资产的跨法人跨组织管理等帮助企业做到资金、账簿和资产的集中管理，实现多组织财务集中管控。
- 真正实现财务国际化。K/3 Cloud的财务国际化体现在多国多地区的会计准则的适用、多国币别的应用、多国科目表体系的建立、支持90%以上国家的会计日历的建立、多种语言的账簿以及多准则财务报表、合并财务报表的编制。

本书采用贴近企业实际业务流程处理的方式进行编写，在书中设计了一个企业的完整案例，每个章节都提供该企业具体的管理和业务流程，同时提供完整的业务数据来详细介绍财务管理系统所涉及的功能和具体操作。这种业务流程化的编写模式有利于让读者对财务管理系统的功能有更深刻的认识，并对企业的实际业务理解更透彻，让学生达到不仅"知其然"，更"知其所以然"，能将所学的知识立刻应用于企业的实际财务处理。

本书共分为14章，详细介绍了供应链初始化、销售管理、信用管理、促销管理、分销要补货管理、返利管理、供应商协同、采购管理、库存管理、组织间核算、存货核算等系统功能。

本书提供丰富的教学资源：

(1) 金蝶K/3 Cloud V6.1安装程序、教学课件和考题(可扫描右侧二维码下载)，方便教师授课，以及对学生进行关键知识点的测试。

(2) 每个章节的账套数据(可扫描各章所附二维码下载)，便于学生练习。

教学资源

关于每个章节账套数据的使用，在此特别说明一下：教师可以在讲完一个章节后，就恢复上一章节末的备份账套，让学生开始练习。这种方式有利于分章节独立教学，又保证了财务管理系统业务处理的连贯性。

本书结合了作者所在企业的多年信息化实践的经验，非常适于高等院校的财务会计、工商管理、信息管理、物流管理等相关专业作为教学用书，对于学生了解企业的管理与实际业务以及如何与信息系统结合非常有帮助。当然，对于企业财务人员和信息化主管也是一本不错的参考书。

本书在编写的过程中，参考了作者所在公司的一些工作成果，也借鉴了一些企业管理及信息化建设的相关资料和文献。因人员较多，在此不一一表述。因为有了他们的辛勤劳动，才凝结成本书的最终成果。在此，谨对他们表示衷心的感谢！

目 录

第 1 章 系统简介 ·· 1
    1.1 产品体系结构 ·· 1
    1.2 整体业务架构图 ··· 3

第 2 章 实验背景介绍 ·· 5

第 3 章 系统管理 ·· 9
    3.1 系统概述 ·· 9
    3.2 实验练习 ·· 9

第 4 章 供应链初始化 ·· 37
    4.1 系统概述 ··· 37
    4.2 实验练习 ··· 38

第 5 章 销售管理 ··· 73
    5.1 系统概述 ··· 73
    5.2 实验练习 ··· 75

第 6 章 信用管理 ··· 93
    6.1 系统概述 ··· 93
    6.2 实验练习 ··· 95

第 7 章 促销管理 ·· 105
    7.1 系统概述 ·· 105
    7.2 实验练习 ·· 106

第 8 章 分销要补货管理 ·· 115
    8.1 系统概述 ·· 115

8.2　实验练习 …… 117

第9章　返利管理 …… 129
　　9.1　系统概述 …… 129
　　9.2　实验练习 …… 130

第10章　供应商协同 …… 137
　　10.1　系统概述 …… 137
　　10.2　实验练习 …… 139

第11章　采购管理 …… 151
　　11.1　系统概述 …… 151
　　11.2　实验练习 …… 154

第12章　库存管理 …… 177
　　12.1　系统概述 …… 177
　　12.2　实验练习 …… 180

第13章　组织间结算 …… 195
　　13.1　系统概述 …… 195
　　13.2　实验练习 …… 202

第14章　存货核算 …… 225
　　14.1　系统概述 …… 225
　　14.2　实验练习 …… 226

第 1 章 系统简介

供应链管理信息系统,是一门融电子计算机科学、管理科学、信息科学和供应链管理科学为一体的综合学科。学生对供应链管理信息系统基本理论的学习,可以为以后工作中的实际应用打下坚实的基础。随着企业市场竞争的日益激烈,越来越多的公司要求学生一上岗就能熟练操作使用信息化软件,仅有理论的学习已远远不能满足需要。本书以企业的实际运作为蓝本,结合学校实验操作的要求,让学生通过上机实验模拟企业的真实环境进行相关技能的演练。

依据目前国内外企业信息软件使用主流情况,本书选择国内知名软件公司——金蝶国际软件集团有限公司的K/3 Cloud系统作为学习范本。

与国外软件相比,金蝶K/3 Cloud系统更符合中国国情,适应中国企业,其优异性已通过数十万家客户的应用得到验证。

金蝶K/3 Cloud系统,是第一款基于云平台的社交化ERP系统。它是基于WEB2.0与云技术的一个开放式、社会化的新时代企业管理服务平台。整个产品采用SOA架构,完全基于BOS平台组建而成,业务架构上贯穿流程驱动与角色驱动思想,结合中国管理模式与中国管理实践积累,精细化支持企业财务管理、供应链管理、生产管理、供应链协同管理等核心应用。

1.1 产品体系结构

金蝶产品根据企业应用规模的大小划分为四个系列,它们分别是适用于小型企业的KIS、适用于中小型企业的K/3 Wise、适用于大中型企业的K/3 Cloud以及适用于超大型企业的EAS。同时,金蝶还有第一个基于服务导向架构(SOA)的商业操作系统—— 金蝶BOS。

下面以金蝶的主流产品K/3 Cloud为蓝本,介绍金蝶软件的应用。

金蝶K/3 Cloud系统,是一款云时代下诞生的新型ERP产品。在功能层面上,把握住了当下中国制造企业的特性与需求,兼容多语言、多会计准则、多税制;支持多组织、多工厂应用,是一款助力企业集团化发展的产品;针对中国企业组织结构、考核体系变化快的特性，能够动态构建核算与考核体系。

在软件运行模式上，K/3 Cloud颠覆传统ERP的服务模式，免安装客户端，纯WEB应用，更支持移动互联下的智能终端应用，用户可以在任何时间、任何地点进行管理运作，突破企业管理的办公室局限和8小时工作时间局限。同时对用户而言，这是一款完全社交化的ERP产品，用户可以一边向供应商订货，一边与同事、领导、供应商在线协调，工作首先从做朋友开始；此外，这是一款基于角色与业务的全流程驱动产品，对普通用户而言以后不再是自己找工作做，而是"工作找人"。

金蝶K/3 Cloud系统的主要功能涵盖了企业经营管理活动的各个方面。同时，它也在进一步发展中。K/3 Cloud教学版是基于K/3 Cloud软件系统V6.1来定制研发的，未来会跟随其版本同步升级发展。

目前K/3 Cloud系统V6.1的子系统主要包括：

- 总账管理子系统
- 智能会计平台
- 报表管理子系统
- 应收款管理子系统
- 应付款管理子系统
- 出纳管理子系统
- 存货核算子系统
- 产品成本核算子系统
- 标准成本分析子系统
- 固定资产管理子系统
- 发票管理子系统
- 合并报表管理子系统
- 资金管理子系统
- 网上银行管理子系统
- 预算管理子系统
- 采购管理子系统
- 销售管理子系统
- 信用管理子系统
- 库存管理子系统
- 组织间结算子系统
- 工程数据管理子系统
- 生产管理子系统
- 委外管理子系统
- 计划管理子系统
- 车间管理子系统
- 质量管理子系统

- 质量追溯子系统
- 生产线生产子系统
- 促销管理子系统
- 要补货管理子系统
- 返利管理子系统
- B2B电商中心
- B2C电商中心
- B2B电商门户等。

1.2 整体业务架构图

金蝶K/3 Cloud结合当今先进管理理论和数十万家国内客户最佳应用实践，面向事业部制、多地点、多工厂等运营协同与管控型企业及集团公司，提供一个通用的ERP服务平台。K/3 Cloud支持的协同应用包括但不限于：集中销售、集中采购、多工厂计划、跨工厂领料、跨工厂加工、工厂间调拨、内部交易及结算等。

金蝶K/3 Cloud系统整体业务架构图，如图1-1所示。

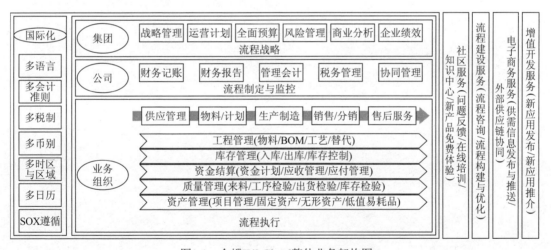

图1-1 金蝶K/3 Cloud整体业务架构图

K/3 Cloud管理信息系统涵盖了企业管理的方方面面，本书将以K/3 Cloud V6.1为蓝本，介绍K/3 Cloud供应链管理部分的相关内容。

第 2 章 实验背景介绍

下面模拟一家高新技术企业——蓝海机械总公司的ERP供应链系统上线实施应用的全过程。

蓝海机械总公司是一家集研发、生产、销售为一体的多法人、多工厂、多利润中心经营的高新技术公司，公司主营的是柴油机系列的产品，营业收入约10亿元，员工约2000余人。

蓝海机械总公司下属三个法人：蓝海柴油机公司、变电器公司、销售公司。蓝海柴油机公司是其主体，下设两个事业部和一个本部。销售公司负责产品销售，下设销售公司深圳分公司，负责具体的销售业务，销售公司则向柴油机总装事业部要货。

蓝海机械总公司采用"分级管理、充分授权"的管理方式，每个公司、事业部拥有较大的自主经营权，产品在供应给集团公司下游事业部的同时，也可以自行对外销售。各经营实体经营班子独立，重点考核利润，仅在重大经营决策上需要由总部协调、共同决策，如重大的投资计划、重大的市场推广计划等。随着企业扩展，原有的ERP软件已经不能满足企业多核算体系的需求，经考察、评估后，企业于2015年年中购买了适用于公司多组织管理的金蝶K/3 Cloud系统，并准备于2016年1月正式启用。考虑到实施的难度和工作量，决定先实施供应链及财务部分系统。

因为应收应付系统和采购、销售紧密相关，而供应链系统的许多相关业务也需要生成凭证传递到总账系统，所以本次实施的系统包括总账、应收、应付、销售管理、信用管理、促销管理、分销要补货、返利管理、供应商协同平台、采购管理、库存管理、组织间结算、存货核算等系统。

按照软件供应商的要求，上线前要先行整理企业的一些资料，如组织架构、人员等。该企业的组织架构如图2-1所示。

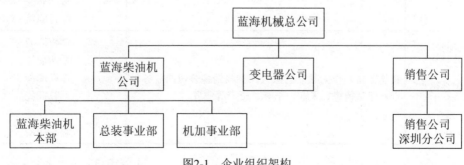

图2-1　企业组织架构

各公司不同组织主要负责的业务情况如表2-1所示。

表2-1 公司主要业务职责

组织	职责	拟使用的软件中的业务组织
蓝海机械总公司	总公司法人，负责下属子公司合并业务核算，但不参与任何企业的具体业务	无
蓝海柴油机公司	柴油机公司法人，负责柴油机下属公司合并业务核算，但不参与任何企业的具体业务	无
蓝海柴油机本部	柴油机本部，作为独立的利润中心，参与蓝海柴油机本部的业务处理，包括销售、采购、结算等业务。作为有资金管理权限的组织可管控柴油机公司其他组织的资金收入和支出，并管理柴油机下属组织的资产	销售职能 采购职能 库存职能 工厂职能 结算职能 收付职能 资金职能 资产职能
总装事业部	总装事业部，作为独立的利润中心，参与总装事业部的业务处理，包括销售、采购、结算、质检等业务	销售职能 采购职能 库存职能 工厂职能 质检职能 结算职能 收付职能
机加事业部	机加事业部，作为独立的利润中心，参与机加事业部的业务处理，包括销售、采购、结算等业务	销售职能 采购职能 库存职能 工厂职能 结算职能
变电器公司	变电器公司，作为独立的法人，参与变电器的业务处理，包括销售、采购、结算、工厂、资产等业务	销售职能 采购职能 库存职能 工厂职能 结算职能 资产职能 收付职能
销售公司	销售公司，作为独立的法人，参与销售公司的业务处理，包括销售、采购、结算、资产等业务	销售职能 采购职能 库存职能 结算职能 资产职能 收付职能

(续表)

组　织	职　责	拟使用的软件中的业务组织
销售公司深圳分公司	销售公司深圳分公司，作为独立的法人，参与销售公司深圳分公司的业务处理，包括销售、采购、结算、资产等业务	销售职能 采购职能 库存职能 结算职能 资产职能 收付职能

企业的其他资料在后述的操作中再逐一介绍。

第 3 章 系统管理

3.1 系统概述

ERP软件使用涉及的组织、部门、人员众多，而且对信息资源的共享和隔离要求高。K/3 Cloud作为一款云时代下新型的ERP产品，可以实现多法人、多事业部、多地点等多组织应用模式。在开始使用K/3 Cloud进行业务处理之前，需要搭建企业的组织架构体系，根据企业具体情况对基础资料进行隔离和共享设置，并根据不同的业务要求为用户设置合适的权限来访问系统。上述功能都可在系统管理中进行处理，深入了解和熟练地掌握系统管理部分的功能是使用K/3 Cloud进行业务处理的前提条件。

3.2 实验练习

实验一 K/3 Cloud产品安装

在使用K/3 Cloud系统之前，必须先安装好金蝶K/3 Cloud系统。

应用场景

公司购买了金蝶K/3 Cloud软件，并准备于2016年1月正式使用，信息部主管收到软件供应商提供的软件安装包后，开始准备系统安装。

实验步骤

(1) 制定部署策略。
(2) 配套软件安装。
(3) 金蝶K/3 Cloud软件安装。

操作部门及人员

软件的安装一般由软件供应商或公司信息系统部的人员负责安装。

实验前准备

(1) 当企业购买了软件后，就要开始安装工作。与普通应用软件不同的是，ERP软件的安装相对复杂，需要考虑的因素更多。根据使用人数的多少、数据量的大小等，ERP软件的安装布局也有不同的解决方案。在安装金蝶K/3 Cloud软件前，需要统计企业的业务流量、数据大小、用户数等，据以确定计算机及网络等的配置标准。

(2) 一般情况下，中型应用企业客户需要准备两台部门级服务器及若干个PC机(根据用户数确定PC机数量)。

操作指导

K/3 Cloud采用B/S架构为基础，B/S架构是一种典型的三层结构，以浏览器为支撑的客户端负责与用户交互；应用服务器层进行业务逻辑处理；数据服务器层采用关系数据库进行业务数据的持久化存储。

数据库——安装数据库产品和K/3 Cloud数据库服务部件，目前K/3 Cloud系统同时支持数据库产品Microsoft SQL Server和Oracle，所有的业务数据都存储在数据库中。

WEB服务层——包括所有业务系统的业务逻辑组件，这些组件会被客户端所调用，是K/3 Cloud系统的核心部分。

1. 系统部署角色

K/3 Cloud系统的部署角色分为应用服务器、管理中心、管理数据库、账套数据库、管理员、用户。各个角色的定义如表3-1所示。

表3-1　系统角色定义

角色	定义
应用服务器	提供"系统业务站点"，一般用户通过访问应用服务器来使用系统。应用服务器可访问的数据中心列表、用户许可都是管理中心提供的
管理中心	提供"系统管理站点"，仅供管理员访问，用于管理数据中心数据库和应用服务器，用户许可管理也在管理中心进行 管理中心和应用服务器是一对多的关系：一个管理中心可管理多个应用服务器；每个应用服务器只能注册到一个管理中心
管理数据库	提供"管理数据"给管理中心。该角色不需安装任何金蝶组件，仅有数据库系统即可
账套数据库	提供"数据中心"给应用服务器访问。该角色不需安装任何金蝶组件，仅有数据库系统即可
管理员	"系统管理员"，通过浏览器访问管理中心进行系统管理
用户	"一般用户"，通过浏览器或WPF客户端访问应用服务器

2. 基本部署策略

1) 生产环境部署方案

数据库、应用服务器(管理中心)分别单独部署在专用服务器上，如图3-1所示，适合于K/3 Cloud系统大多数部署场景。

为保证系统性能，在客户生产环境应用服务器和数据库服务器必须分开单独部署，并且建议这些服务器专用于K/3 Cloud服务，不建议用其他企业应用服务器(如AD、DNS、Mail等)兼任。这样做才能保证不会发生多种服务争抢服务器运算资源，从而严重影响K/3 Cloud系统的运行性能。从网络安全角度考虑，管理员可能对数据库服务器、应用服务器采用不同的安全策略。例如，将数据库隔离在单独VLAN，将应用服务器放在DMZ等，服务器分开部署更能满足网络安全方面的要求。

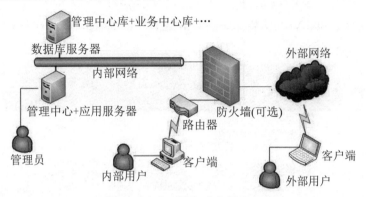

图3-1　生产环境标准部署方案

2) 非生产环境部署方案

数据库、管理中心、应用服务器都装在同一服务器上，适用于K/3 Cloud系统演示、练习等应用场景，本书安装部署就用的是该部署方案，如图3-2所示。

在进行系统演示、测试或开发等小型的应用场景，业务量较小，可以将数据库、管理中心和应用服务器安装在同一台服务器上。为保证系统性能，在客户生产环境严禁采用这种部署方式。

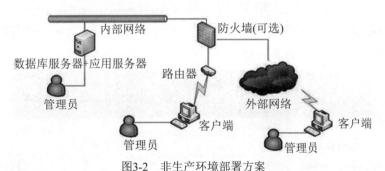

图3-2　非生产环境部署方案

3. 配套软件安装

在安装金蝶K/3 Cloud软件之前，建议在数据库服务器上先安装数据库，K/3 Cloud支持SQL Server和Oracle两种数据库软件。本书安装的配套数据库是SQL Server 2008 R2，数据库管理员是"sa"，密码是"sa"。

在使用K/3 Cloud客户端的电脑上需要安装支持Silverlight客户端的浏览器环境，K/3 Cloud支持的浏览器有Internet Explorer 8.0～11.0、Firefox 39及以上和Chrome 44及以上。本书客户端安装的浏览器是Internet Explorer 8.0。

4. 金蝶K/3 Cloud软件安装

配套软件及机器准备好后，接下来开始安装金蝶K/3 Cloud产品，下面所有安装都以本机系统管理员身份登录，在安装之前退出正在运行的其他第三方软件，特别是杀毒软件和相关防火墙。

用户在新环境上安装K/3 Cloud时，请按如下顺序进行。

打开金蝶K/3 Cloud V6.1安装程序，双击SETUP.exe图标，首先出现K/3 Cloud的安装程序界面，如图3-3所示。

图3-3　K/3 Cloud安装程序界面

单击【开始】按钮，进入许可协议界面，如图3-4所示，认真阅读许可说明后，勾选"本人已阅读并接受上述软件许可协议"。

图3-4　许可协议界面

单击【下一步】按钮进入产品功能选择界面，如图3-5所示。本书选择非生产环境的部署方式，因此在选择要安装的服务时应选择"全部"；在该界面可以修改安装位置，单击页面上的【浏览】按钮即可。

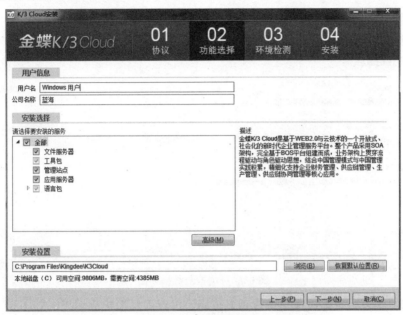

图3-5　功能选择界面

单击【下一步】按钮，进入环境检测界面，如图3-6所示。

图3-6　环境检测界面

环境检测之后会提示需要修复的问题，如图3-7所示，单击【自动修复】按钮后，可自动安装并启用产品依赖的Window组件和服务。

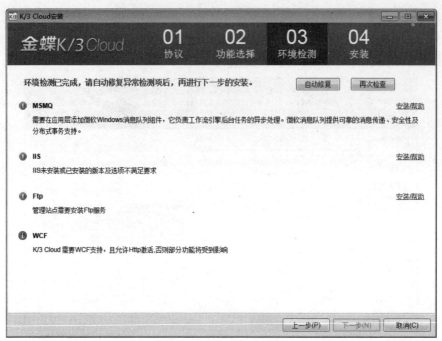

图3-7　环境检测结果界面

自动修复结束后，单击【再次检查】按钮，可查看环境检测结果，如图3-8所示。

图3-8　检查通过界面

单击【下一步】按钮，进入安装等待界面，如图3-9所示。

图3-9　安装等待界面

安装完成后会自动跳转到成功安装界面，如图3-10所示，单击【完成】按钮，即完成K/3 Cloud软件的安装。

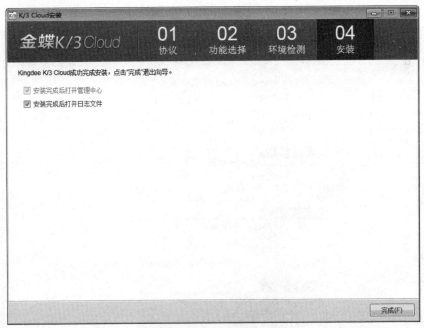

图3-10　安装完成界面

安装完成后，系统默认打开管理站点，进入创建管理中心向导页面，如图3-11所示。在该向导中填写数据库服务相关信息，填写完成后单击【测试连接】按钮，测试连接成功后，单击【创建】按钮即可进行管理中心的创建。

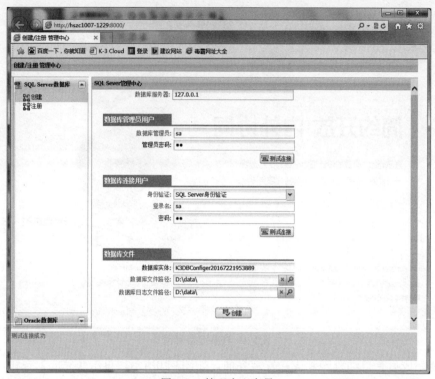

图3-11　管理中心向导

完成管理中心数据库创建后,提示创建完成,如图3-12所示。

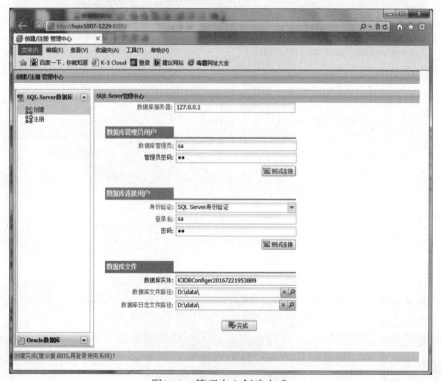

图3-12　管理中心创建完成

单击【完成】按钮，自动打开管理中心登录页面，如图3-13所示，默认管理员用名是"administrator"，默认密码是"888888"。

图3-13　管理中心登录页面

完成产品安装后，桌面上会出现"金蝶 K/3 Cloud管理中心"和"金蝶K/3 Cloud"两个快捷方式图标，如图3-14所示。后续进行数据中心管理维护，双击打开"金蝶 K/3 Cloud管理中心"登录即可，要进行业务处理时双击打开"金蝶K/3 Cloud"即可。

图3-14　快捷方式图标

实验二　新建数据中心

数据中心是业务数据的载体，支持SQL Server和Oracle两种数据库类型，并可以按数据中心设置系统时区。在使用K/3 Cloud系统之前，必须先建立存储业务数据的数据中心。

应用场景

金蝶软件安装已经完成，即将准备使用K/3 Cloud软件。

实验步骤

新建数据中心。

操作部门及人员

数据中心的设立可以由公司信息系统部的人员或运营部人员兼做。在蓝海机械总公司，新建数据中心由信息管理员李伟负责。

实验前准备

(1) 了解拟使用的系统，进而确定数据中心类别。
(2) 确认数据库服务器路径、拟采用的数据库类型、身份验证方式和系统时区。

实验数据

公司将于2016年1月正式使用K/3 Cloud系统，使用系统标准的业务功能，所以数据中心类别选择"标准业务库"。设置账套号为"201601"，账套名称为"蓝海机械总公司"。拟采用SQL Server 2008数据库，选择SQL Server身份验证，数据库管理员和登录用户名为"sa"，密码为"sa"。由于蓝海机械柴油机是国内企业，因此选择的系统时区是北京时间。

操作指导

1. 新建数据中心

(1) 信息部李伟双击安装后生成的桌面快捷图标"金蝶 K/3 Cloud管理中心"，打开K/3 Cloud管理中心登录页面；默认管理员用名：administrator，默认密码：888888，单击【登录】按钮后，进入管理中心页面。

(2) 在管理中心页面点击右上角的所有功能，可以打开管理中心的功能菜单，如图3-15所示。

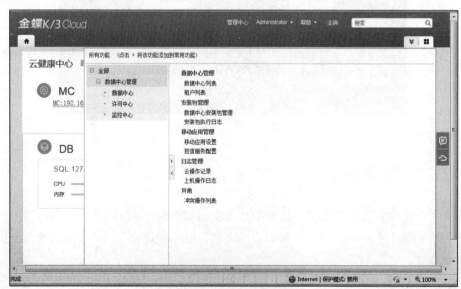

图3-15　管理中心页面

(3) 在功能菜单中，执行【数据中心管理】—【数据中心列表】命令，打开数据中心列表页面，如图3-16所示，可看见目前管理中心管理的全部数据中心记录。

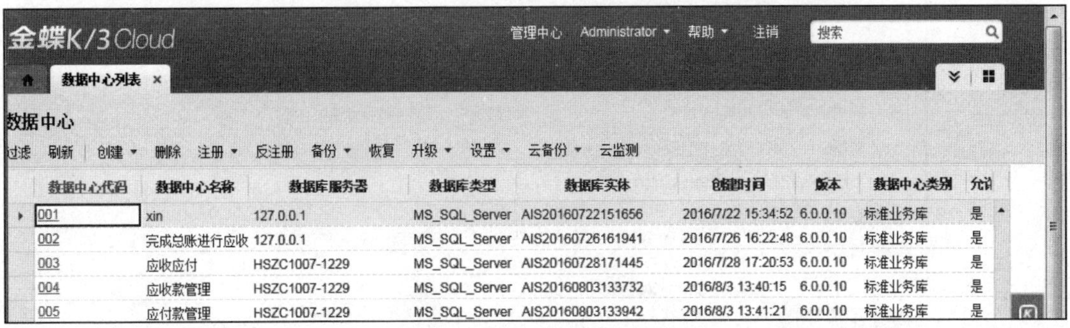

图3-16 数据中心列表页面

(4) 单击【创建】按钮，打开创建SQL Server数据中心向导页面，如图3-17所示，根据数据库服务器填写信息。

图3-17 数据中心向导页面

(5) 单击【下一步】按钮，进入数据中心信息填写页面，如图3-18所示，填写完成后单击【创建】按钮即可完成数据中心的创建。

数据中心创建完毕后，在金蝶K/3 Cloud管理中心的数据中心列表中，可以找到新增的数据中心。

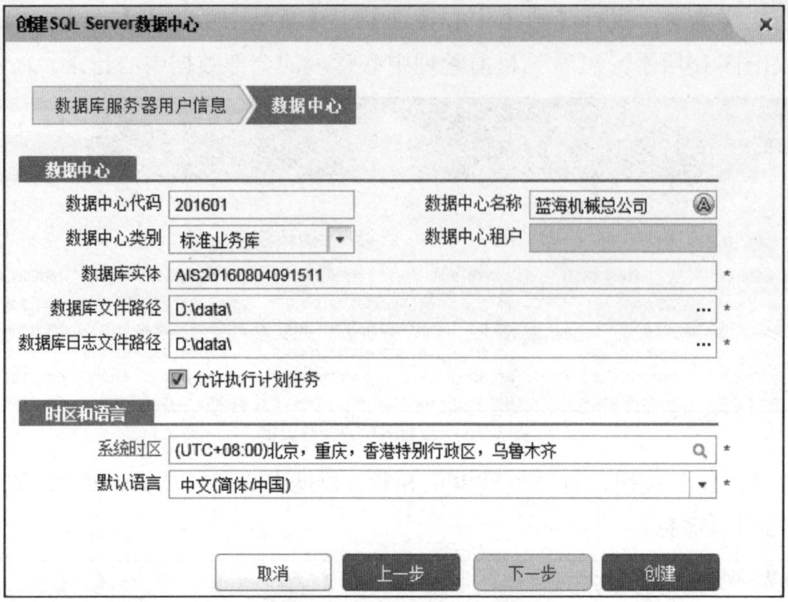

图3-18　数据中心向导页面

实验三　数据中心维护

应用场景

为了确保数据安全性或为了在灾难发生时对数据丢失的损害降到最低,需要定期将业务操作过程中的各种数据进行备份,一旦数据中心破坏,可以通过恢复功能将备份的数据中心恢复成一个新的数据中心继续进行业务处理。

实验步骤

(1) 数据中心备份与恢复。
(2) 数据中心云备份。

操作部门及人员

数据中心维护可以由公司信息系统部的人员或财务人员兼做。在蓝海机械总公司,数据中心维护由信息管理员李伟负责。

操作指导

1. 数据中心备份与恢复

信息部李伟双击桌面快捷图标"金蝶 K/3 Cloud管理中心",打开K/3 Cloud管理中心登录页面;默认管理员用名:administrator,默认密码:888888,单击【登录】按钮后,进入管理中心页面。

当需要进行备份数据中心的时候,执行【数据中心管理】—【数据中心列表】命令,打开数据中心列表。选择数据中心"蓝海机械总公司"后,单击【备份】按钮打开数据中心备份页面，如图3-19所示。在备份页面填写数据库管理员、密码及备份路径后，单击【执行备份】按钮，完成数据中心的备份。

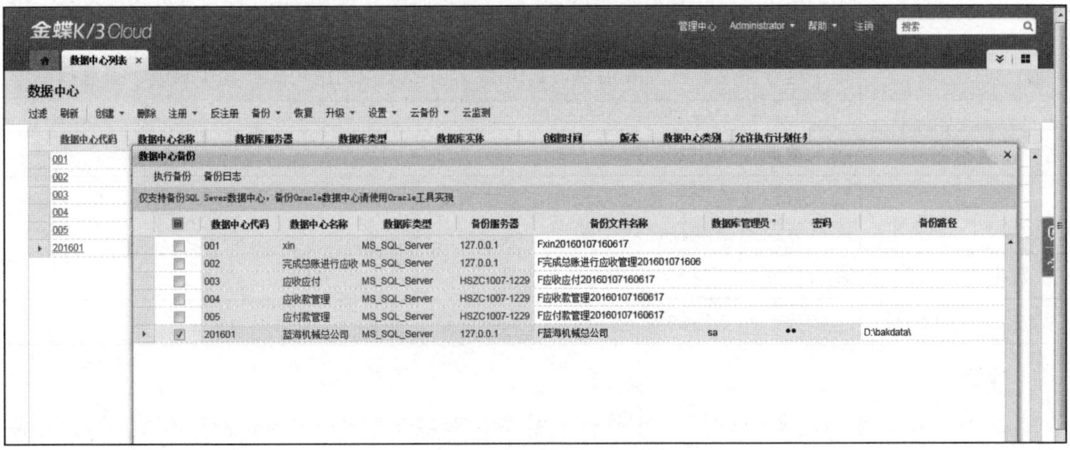

图3-19 数据中心备份

当需要恢复数据中心的时候，执行【数据中心管理】—【数据中心列表】命令，打开数据中心列表。单击【恢复】按钮打开数据中心恢复页面，如图3-20所示。在恢复页面，根据具体情况填写数据库服务器、数据库管理员、密码及备份文件路径等信息后，单击【执行恢复】按钮，完成数据中心的恢复。

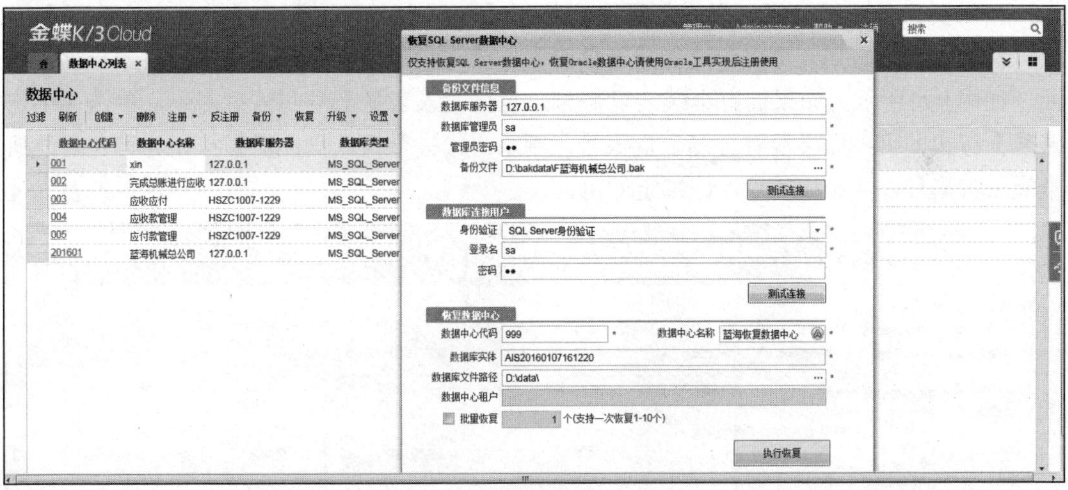

图3-20 恢复数据中心页面

恢复页面填写字段说明如表3-2所示。

表3-2 恢复页面字段说明

字段名称	说明
数据库服务器	存放备份文件的数据库服务器
数据库管理员	输入数据库服务器管理员名称
管理员密码	输入数据库服务器管理员密码
备份文件	选择数据库文件的备份路径

(续表)

字段名称	说明
身份验证	支持SQL Server身份验证和Windows身份验证。若选择Windows身份验证，默认从数据中心站点的应用程序池获取运行账户，数据中心站点的运行账户在产品安装过程中进行设置，在安装后也可在IIS数据中心站点的应用程序池中修改；若选择SQL Server身份验证，请输入SQL Server数据库用户名和密码
登录名	输入数据连接用户的账号
密码	输入数据连接用户的账号密码，使用Windows身份验证不需要输入密码，但是数据库服务器中必须存在这个账户
数据中心名称	输入1~80个字符
数据库文件路径	选择数据库文件的恢复路径

注意：

数据中心备份和恢复的时候，目前仅支持备份和恢复SQL Server数据中心，如果要备份和恢复Oracle数据中心，请使用Oracle工具实现。

2. 数据中心云备份

在服务器硬盘不够大的情况下，可以通过数据中心云备份的方式将数据中心备份到金蝶云盘中，后续要恢复时到云盘获取恢复即可，这种方式可以最大化地节省数据库服务器的硬盘空间。

当需要云备份的时候，登录管理中心执行【数据中心管理】－【数据中心列表】命令，打开数据中心列表页面。选择【云备份】－【云盘账号绑定】，打开云盘账号绑定页面，如图3-21所示。如果拥有金蝶云盘账号，直接输入云盘账号和云盘密码，单击【绑定账号】按钮即可；如果没有金蝶云盘账号，则单击【去金蝶云盘注册】按钮。可免费注册金蝶云盘账号，注册成功后返回绑定即可。

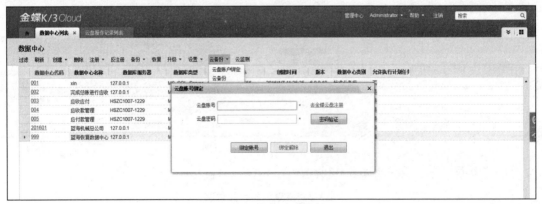

图3-21　云盘账号绑定

注意：

要进行数据中心云备份之前，必须进行云盘账号绑定，否则就不能使用云备份相关功能；如果后续云盘账号调整，可以通过单击图3-21中的【绑定解除】按钮实现账号关系解除。

当需要云备份的时候，执行【云备份】-【云备份】命令，打开金蝶云备份数据中心页面，在页面中填写对应的数据库管理员和密码以及在云盘中的备份文件名称，如果对备份文件要求加密，则勾选"文件加密"，然后输入安全密钥，如图3-22所示。单击【执行云备份】按钮，就开始备份数据中心，并将备份文件保存到金蝶云盘中。

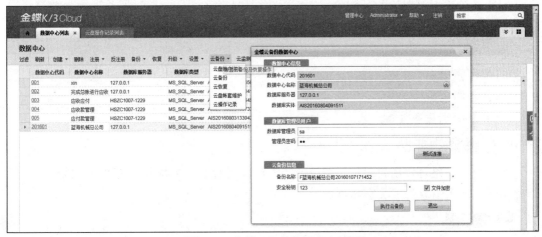

图3-22　金蝶云备份数据中心页面

当需要云恢复的时候，执行【云备份】-【云恢复】命令，打开恢复金蝶云数据中心页面，在页面中选择之前备份在云盘上的数据中心备份文件，并填写对应的数据库服务器信息以及恢复数据中心信息。如果之前使用的云盘文件是加密过的，则勾选文件加密，并输入安全密钥，如图3-23所示。单击【执行云备份】按钮，即可恢复数据中心。

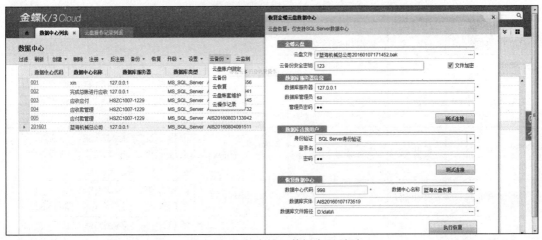

图3-23　恢复金蝶云数据中心页面

注意：

云备份除了提供基本的备份恢复功能外，还提供云盘账套维护和云操作记录查看功能。用户可通过云盘账套维护来删除保存在云盘中的废弃文件，还可使用云操作记录来查看所有云备份和恢复的操作记录，提高管理的安全性。

实验四　搭建组织机构

应用场景

创建好数据中心后,要开始使用K/3 Cloud进行业务操作之前,需要根据企业真实情况搭建组织机构。

实验步骤

(1) 启用多组织。
(2) 搭建组织机构。
(3) 建立组织业务关系。

操作部门及人员

组织机构搭建可以由公司信息系统部的人员或运营部人员兼做。在蓝海机械总公司,搭建组织机构由信息管理员李伟负责。

实验前准备

(1) 将系统日期调整到2016年1月1日。
(2) 使用在实验二新建的数据中心。

实验数据

蓝海机械总公司组织机构信息如表3-3所示。

表3-3　组织机构信息表

组织名称	组织形态	所属法人	核算组织类型	业务组织类型
蓝海机械总公司	总公司	蓝海机械总公司	法人	无
蓝海柴油机公司	总公司	蓝海柴油机公司	法人	无
蓝海柴油机本部	公司	蓝海柴油机公司	利润中心	销售职能、采购职能、库存职能、工厂职能、结算职能、资产职能、资金职能、收付职能
总装事业部	事业部	蓝海柴油机公司	利润中心	销售职能、采购职能、库存职能、工厂职能、质检职能、结算职能、资产职能、收付职能
机加事业部	事业部	蓝海柴油机公司	利润中心	销售职能、采购职能、库存职能、工厂职能、资产职能、结算职能
变电器公司	公司	变电器公司	法人	销售职能、采购职能、库存职能、工厂职能、结算职能、资产职能、收付职能
销售公司	公司	销售公司	法人	销售职能、采购职能、库存职能、结算职能、资产职能、资金职能、收付职能
销售公司深圳分公司	公司	销售公司深圳分公司	法人	销售职能、采购职能、库存职能、结算职能、资产职能、资金职能、收付职能

蓝海机械总公司中销售业务的汇报和企业行政组织关系不同，具体的销售业务汇报关系如图3-24所示。

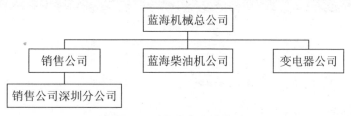

图3-24 销售组织隶属关系

采购业务处理中，蓝海柴油机本部对总装和机加事业部所需的原材料进行集中采购；销售出库处理中，销售公司和销售公司深圳分公司销售的柴油机可以由总装仓库出货，也可将总装事业部的柴油机调拨给销售公司后出库；生产处理中，要求机加事业部生产的调压阀和变电器公司生产的变电器需要调拨给总装事业部用于生产柴油机，针对以上业务需求需要建立的对应业务关系如表3-4所示。

表3-4 业务关系信息表

业务关系	委托方	受托方
委托采购	总装事业部	蓝海柴油机本部
	机加事业部	蓝海柴油机本部
委托销售	总装事业部	销售公司
	总装事业部	销售公司深圳分公司
库存调拨	机加事业部	总装事业部
	变电器公司	总装事业部
	总装事业部	销售公司

操作指导

1. 启用多组织

双击桌面快捷图标"金蝶K/3 Cloud"，打开K/3 Cloud登录页面，如图3-25所示。选择数据中心为"蓝海机械总公司"，系统管理员用户名：administrator，默认密码：888888，单击【登录】按钮后，进入K/3 Cloud系统管理页面。

图3-25 K/3 Cloud登录页面

登录后，单击右上角的【所有功能】按钮，打开功能菜单，如图3-26所示。

图3-26　K/3 Cloud业务页面

在功能菜单中，执行【系统管理】—【组织机构】—【组织机构】—【启动多组织】命令，打开启用多组织页面，如图3-27所示。勾选启用多组织后，单击【保存】按钮，系统将启用多组织，并自动跳转到登录页面。

图3-27　启用多组织页面

2．搭建组织机构

信息部李伟用系统管理员用户名：administrator，默认密码：888888，登录K/3 Cloud系统后，打开功能菜单，执行【系统管理】—【组织机构】—【组织机构】—【组织机构】命令，打开组织机构查询页面，如图3-28所示。

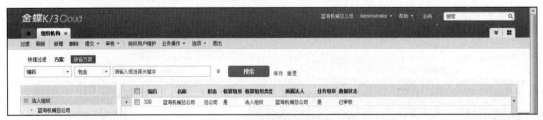

图3-28　组织机构查询页面

单击【新增】按钮，打开组织机构新增页面，根据实验数据中表3-2的内容在页面中输入正确信息，组织机构主要字段说明如表3-5所示。

表3-5　组织机构字段属性说明

字段名称	说明
编码	组织机构的编码，不能重复
描述	对组织的描述信息，可以不填写

(续表)

字段名称	说明
组织形态	来源于组织形态基础资料，默认为公司
组织分类	分为核算组织和业务组织两种类型，必须至少选择一个
核算组织	财务上独立核算的组织，分为法人和利润中心两种。当核算组织被选中时，可以选中法人、利润中心其中之一
法人	独立核算的法人组织，当核算组织被选中时，才可选择法人
利润中心	独立核算的利润中心，当核算组织被选中时，才可选择利润中心
业务组织	业务上独立运作的组织，当组织为业务组织时，才可以选择具体的组织职能
组织职能	业务组织的组织职能，来源于组织职能的基础资料
组织属性	在组织属性分类下可以进行所属法人的设置
所属法人	来源于法人属性的组织，当组织本身为法人时，所属法人就为本身，当组织为业务组织或者利润中心，必须从系统的法人组织中选择一个组织作为所属法人

在组织机构-新增页面输入正确信息后，依次单击【保存】【提交】【审核】按钮后完成组织机构新增。新增全部的组织机构后，再次进入组织机构查询页面，可查看全部的组织机构信息，如图3-29所示。

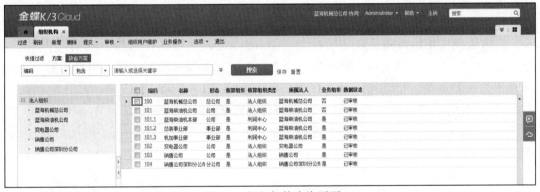

图3-29　组织机构查询页面

3. 建立组织隶属关系

信息部李伟使用系统管理员用户名：administrator，默认密码：888888，登录K/3 Cloud系统后，打开功能菜单，执行【系统管理】—【组织机构】—【组织关系】—【组织隶属关系】命令。打开组织业务关系查询页面，单击【新增】按钮，打开组织隶属关系-新增页面，填写方案编号为"001"，方案名称为"销售隶属关系"，选择职能类型为"销售职能"，选择顶层组织为"蓝海机械总公司"，并根据图3-24中销售组织隶属关系选择组织信息，填写完成后的页面如图3-30所示。确认信息无误后，依次单击【保存】【提交】【审核】按钮完成组织隶属关系的审核。

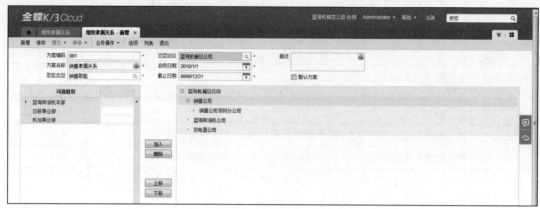

图3-30　组织隶属关系-新增页面

注意：

① 在图3-30中选择职能类型和顶层组织的时候，可通过快捷键F8调出列表页面，勾选需要选择的信息后，单击【返回数据】按钮，可以将选择的信息回填到对应的字段中。

② 在定义隶属关系时选择的顶层组织，作为隶属关系的顶点；选择左边的可选组织，添加到右边的隶属关系中；右边显示已设置的组织隶属关系，单击【上移】或【下移】按钮，即可调整同一节点下组织的上下位置。

4. 建立组织业务关系

信息部李伟使用系统管理员用户名：administrator，默认密码：888888，登录K/3 Cloud系统后，打开功能菜单，执行【系统管理】—【组织机构】—【组织关系】—【组织业务关系】命令。打开组织业务关系查询页面，单击【新增】按钮，打开组织业务关系-新增页面，在业务关系类型字段选择"委托采购(需求-采购)—受托采购(采购-需求)"，委托方列表中选择"总装事业部"和"机加事业部"，在对应的受托方列表中都选择"蓝海柴油机本部"，设置完成后单击【保存】按钮，完成委托采购组织业务关系设置，如图3-31所示。

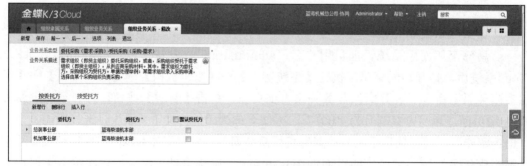

图3-31　组织业务关系-委托采购页面

参考上述方法，根据实验数据表3-4中的内容设置"委托销售"和"库存调拨"组织业务关系，完成设置后，执行【系统管理】—【组织机构】—【组织关系】—【组织业务关系】命令，打开组织业务关系查询页面，如图3-32所示，查看设置完成的组织业务关系。

图3-32　组织业务关系查询页面

实验五　基础资料控制

K/3 Cloud系统是一款云时代下新型的ERP产品,可以实现多法人、多事业部、多地点等多组织应用模式,根据企业具体管控模式设置基础资料在多个组织之间的共享和隔离关系,能够帮助企业实现不同程度的集权管理。

应用场景

搭建完组织机构后,需要根据企业真实管控情况设置基础资料的共享和隔离关系。

实验步骤

(1) 设置基础资料控制类型。
(2) 设置基础资料控制策略。

操作部门及人员

基础资料控制设置可以由公司信息系统部的人员或财务人员兼做。在蓝海机械总公司,基础资料控制设置由信息管理员李伟负责。

实验前准备

(1) 调查企业的基础资料的共享策略,找出与K/3 Cloud默认的基础资料共享策略不同的基础资料列表。
(2) 调研对创建组织和共享范围有要求的基础资料列表,明确基础资料详细的共享分配信息。

实验数据

基础资料控制类型信息如表3-6所示。

表3-6　基础资料控制类型

基础资料名称	策略类型	业务说明
供应商	共享型	公司内部公开供应商信息,以方便监督及分享各组织的供应商
其他基础资料	与系统默认策略类型一致	

基础资料控制策略信息如表3-7所示。

表3-7 基础资料控制策略

基础资料名称	创建组织	分配组织	业务说明
物料	总装事业部	蓝海柴油机本部、机加事业部、变电器公司、销售公司、销售公司深圳分公司	物料只可由总装事业部创建，创建的物料可根据业务要求有选择性地分配给蓝海柴油机本部、机加事业部、变电器公司、销售公司、销售公司深圳分公司这5个组织使用
客户	销售公司	总装事业部、机加事业部、变电器公司、蓝海柴油机本部、销售公司深圳分公司	客户只可由销售公司创建，创建的客户可根据业务要求有选择性地分配给总装事业部、机加事业部、变电器公司、蓝海柴油机本部、销售公司深圳分公司这5个组织使用
税务规则	蓝海机械总公司	蓝海柴油机本部、变电器公司、销售公司、销售公司深圳分公司	税务规则只可由蓝海机械总公司创建，创建的税务规则可根据业务要求有选择性地分配给蓝海柴油机本部、变电器公司、销售公司、销售公司深圳分公司这4个组织使用

操作指导

1. 设置基础资料控制类型

信息部李伟使用系统管理员用户名：administrator，默认密码：888888，登录K/3 Cloud系统后，打开功能菜单，执行【系统管理】—【组织机构】—【基础资料控制】—【基础资料控制类型】命令，打开基础资料控制类型页面，如图3-33所示。

图3-33 基础资料控制类型页面

选择基础资料供应商，双击打开基础资料控制类型-修改页面，如图3-34所示，修改控制类型为"共享"型，单击【保存】按钮，完成基础资料控制类型的修改。

图3-34 基础资料控制类型修改页面

2. 设置基础资料控制策略

信息部李伟使用系统管理员用户名：administrator，默认密码：888888，登录K/3 Cloud系统后，打开功能菜单，执行【系统管理】—【组织机构】—【基础资料控制】—【基础资料控制策略】命令。打开基础资料控制策略查询页面，单击【新增】按钮，打开基础资料控制策略-新增页面，在基础资料字段选择"物料"，在创建组织字段选择"总装事业部"，在下方分配目标组织列表中新增5行，分别选择"蓝海柴油机本部""机加事业部""变电器公司""销售公司"和"销售公司深圳分公司"。正确输入后，单击【保存】按钮保存，完成"物料"这个基础资料的控制策略设置，如图3-35所示。

图3-35 基础资料控制策略-修改页面

参考上述方法，根据实验数据表3-7中的内容设置"客户"和"税务规则"这两个基础资料的控制策略，完成设置后，执行【系统管理】—【组织机构】—【基础资料控制】—【基础资料控制策略】命令，打开基础资料控制策略查询页面，如图3-36所示，查看设置完成的基础资料控制策略。

注意：

在图3-35中选择创建组织和分配目标组织的时候，可通过快捷键F8调用组织机构列表页面，勾选需要选择的组织机构后，单击【返回数据】按钮，可以将选择的组织机构信息回填到对应的字段中。

图3-36　基础资料控制策略查询页面

实验六　用户权限管理

K/3 Cloud系统中流转着企业的基础数据和业务数据，企业数据信息的保密性和安全性是非常重要的，比如企业的资金状况只有财务部的相关工作人员可以查看，其他人员没有权限了解这些信息。如果企业是多组织企业，每个组织下的财务人员只能看到自己所属组织下的资金情况；只有企业中特定的财务主管才能看见所有组织的资金情况。使用人员的数据安全性在K/3 Cloud中提供了系统管理模块来实现用户权限的管理。

应用场景

为了防止企业的一些关键信息被无关的人员随意获取，需要对操作软件系统的每一个人员进行权限的分配。

实验步骤

(1) 角色管理。
(2) 针对角色进行授权。
(3) 用户管理。

操作部门及人员

用户权限设置可以由公司信息系统部的人员或财务人员负责兼做。在蓝海机械总公司，用户权限设置由信息管理员李伟负责。

实验前准备

先调查、统计每个系统使用人员的业务操作范围，并明确功能、业务等的操作权限。

实验数据

角色及功能权限如表3-8所示。

表3-8 角色功能信息表

角色名称	权限范围	操作要求	业务说明
采购主管	拥有采购管理全部权限	修改	
分销角色	销售管理、要补货管理、返利管理及促销管理的所有权限	新增	
全功能角色	所有系统全部功能	新增	拥有最大的权限,可以查看和执行全部的业务操作

用户详细信息如表3-9所示。

表3-9 用户详细信息表

用户名称	密码	职位	组织	角色
李伟	666666	信息管理员	所有组织	全功能
王勇	666666	本部采购	蓝海柴油机本部	采购主管
			总装事业部	采购主管
			机加事业部	采购主管
刘伟	666666	本部会计	蓝海柴油机本部	应收会计、应付会计、组织间结算员、成本会计
			总装事业部	组织间结算员
			机加事业部	组织间结算员
张勇	666666	总装仓管	总装事业部	仓库主管、计划主管、分销角色
			蓝海柴油机本部	仓库主管
			销售公司深圳分公司	分销角色
李秀英	666666	总装会计	总装	应收会计、应付会计、组织间结算员、成本会计
李杰	666666	机加仓管	机加事业部	仓库主管、计划主管
			蓝海柴油机本部	仓库主管
张秀英	666666	机加会计	机加事业部	应收会计、应付会计、组织间结算员、成本会计
张杰	666666	变电器采购	变电器公司	采购主管
张磊	666666	变电器仓管	变电器公司	仓库主管、计划主管
王强	666666	变电器销售	变电器公司	销售主管
李敏	666666	变电器会计	变电器公司	应收会计、应付会计、成本会计、信用管理员
李娟	666666	销售公司仓管	销售公司	仓库主管
王军	666666	销售公司销售	销售公司	销售主管、分销角色
			总装事业部	销售主管
王艳	666666	销售公司会计	销售公司	应收会计、应付会计,组织间结算员、成本会计、分销角色
			总装事业部	应收会计、应付会计
张艳	666666	深分仓管	销售公司深圳分公司	仓库主管
张涛	666666	深分销售	销售公司深圳分公司	销售主管、分销角色
			销售公司	销售主管

(续表)

用户名称	密码	职位	组织	角色
王涛	666666	深分会计	销售公司深圳分公司	应收会计、应付会计、组织间结算员、成本会计
			销售公司	组织间结算员

操作指导

1. 角色管理

信息部李伟使用系统管理员用户名：administrator，默认密码：888888，登录K/3 Cloud系统后，打开功能菜单，执行【系统管理】—【系统管理】—【角色管理】—【创建角色】命令，打开创建角色页面，如图3-37所示。在编码字段填写"10000"，在名称字段填写"全功能"，在类型字段选择"普通角色"，在属性字段填写"公有"，完成所有字段信息输入后单击【保存】按钮，完成全功能角色的新增。

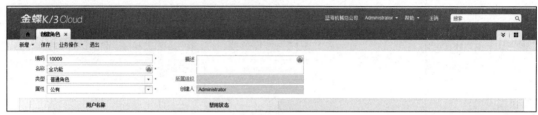

图3-37 创建角色页面

注意：

图3-37中的"属性"字段，在多组织应用模式下才显示，可选择公有和私有两个类型。当属性为"公有"时，角色在全部组织中均可使用；当属性为"私有"时，角色只能在指定的组织下使用。

参考上述方法，根据表3-8中的内容新增"分销角色"这个角色，完成后，执行【系统管理】—【系统管理】—【角色管理】—【角色查询】命令，打开角色查询页面，如图3-38所示，查看全部的角色信息。

图3-38 角色查询页面

2. 针对角色进行授权

1) "全功能"角色授权处理

信息部李伟使用系统管理员用户名：administrator，默认密码：888888，登录K/3

Cloud系统后，执行【系统管理】—【系统管理】—【批量授权】—【全功能批量授权】命令，打开全功能批量授权页面。选择授权角色为"全功能"，选择授权模式为"全功能"，选择授权状态为"有权"，如图3-39所示，单击【授权】按钮，将系统的所有功能权限授权给全功能角色。

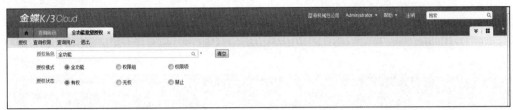

图3-39　全功能批量授权页面

2)"分销角色"角色授权处理

执行【系统管理】—【系统管理】—【批量授权】—【子系统批量授权】命令，打开子系统批量授权页面，选择授权角色为"分销角色"，选择授权模式为"子系统"，根据表3-8的信息，勾选该角色对应的子系统如销售管理、要补货管理、促销管理、返利管理为有权，如图3-40所示，单击【授权】按钮后，将子系统功能授权给会计。

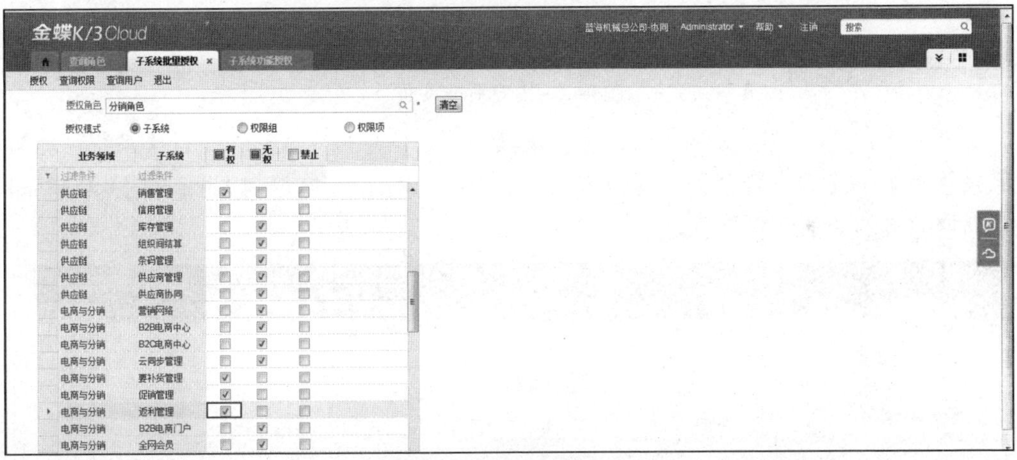

图3-40　子系统批量授权页面

参考上述方法，根据表3-8中的内容，用子系统批量授权修改采购主管的权限。

3. 用户管理

信息部李伟使用系统管理员用户名：administrator，默认密码：888888，登录K/3 Cloud系统后，执行【系统管理】—【系统管理】—【用户管理】—【查询用户】命令，打开查询用户页面，如图3-41所示。

单击【新增】按钮打开用户新增页面，如图3-42所示。在"用户账号"和"用户名称"字段中输入"李伟"，在下方组织列表中，选择全部的组织；选择"蓝海机械总公司"这个组织后，在右边的角色列表中添加全功能角色，并依次选择其他组织添加角色为全功能，完成后单击【保存】按钮，完成李伟这个用户的新增。

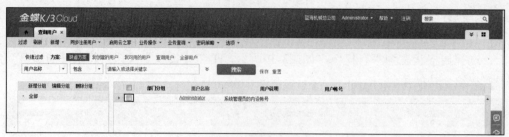

图3-41　查询用户

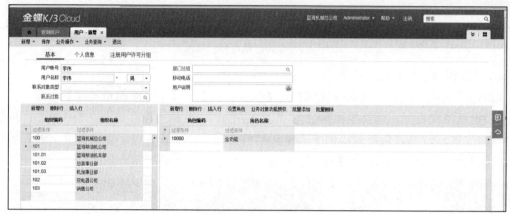

图3-42　用户新增页面

参考上述方法，根据表3-9中的内容新增其他用户信息，完成后，执行【系统管理】—【系统管理】—【用户管理】—【查询用户】命令，打开用户查询页面(见图3-43)，即可查看新增完成的全部用户信息。

图3-43　用户查询页面

注意：

新建的用户，默认密码均为888888，用户第一次登录的时候根据实验要求修改用户密码为666666即可。

上述实验做完后，备份账套，备份文件名为"F蓝海机械总公司(供应链初始化前账套)"。

第 4 章　供应链初始化

4.1　系统概述

供应链管理系统面向企业采购、销售、库存管理人员，提供采购管理、销售管理、库存管理等业务管理功能，通过对企业产、供、销环节的信息流、物流、资金流的有效管理及控制，全面管理企业内部供应链业务。在系统进行业务操作之前，需要先进行供应链的初始化。供应链初始化包括参数设置、基础资料设置、总账初始化、应收管理初始化、应付管理初始化、库存管理初始化、存货核算初始化。完成供应链初始化后，才可以进行供应链的日常业务处理。

▶ 4.1.1　供应链初始化基本业务流程

供应链初始化基本业务流程，包括以下几个环节。

基础设置→总账初始化→应收管理及应付管理初始化→库存管理初始化→存货核算初始化

(1) 基础设置。基础设置包括参数设置以及基础资料管理，其中参数设置包括数据中心级参数和组织级参数，数据中心级的参数必须使用系统管理员(administrator)登录进行设置，部分全局参数必须在数据中心的参数设置中进行设置，比如启用序列号管理；基础资料管理主要维护供应链业务处理过程中必须用到的基础资料，包括批号/序列号编码规则、仓库、税务规则、物料、客户、供应商、部门、岗位、员工以及业务员。

(2) 总账初始化。总账系统是财务会计中最核心的部分，在进行其他操作前，需要先设置会计政策、核算体系、建立账簿等，并结束总账的初始化。结束总账初始化后，才能进行其他财务相关的操作，如应收应付以及成本管理中的存货核算等。

(3) 应收管理及应付管理初始化。应收管理及应付管理是通过应收单、应付单等单据的录入，对企业往来账款进行综合管理，及时准确地提供客户或供应商的往来账款增减变动。在销售业务中，使用应收管理来管理销售应收。在采购业务中，使用应付管理来管理采购应付。应收及应付管理初始化包括启用、初始余额录入以及结束初始化。

(4) 库存管理初始化。库存管理是企业的基础和核心，支撑企业销售、采购、生产业务的有效运作，库存管理初始化包括启用库存管理、录入初始库存、结束初始化。

(5) 存货核算初始化。存货核算是对存货价值的计量，将在各业务系统流转的存货进行统一核算，并通过会计凭证将存货价值反映到财务会计报表中结转，存货核算初始化包括设置核算范围、启用存货核算、初始核算数据录入、结束初始化。

▶ 4.1.2 重点功能概述

供应链初始化提供了供应链管理的准备，从而使采购管理、销售管理、分销管理、库存管理、信用管理、组织间交易等内部供应链管理能顺利进行业务操作。

4.2 实验练习

实验一 基础设置

应用场景

掌握参数以及基础资料的设置方法。

实验步骤

(1) 参数设置。
(2) 新增批号/序列号编码规则。
(3) 新增仓库。
(4) 新增税务规则。
(5) 新增物料。
(6) 新增客户。
(7) 新增供应商。
(8) 新增部门。
(9) 新增岗位信息。
(10) 新增员工。
(11) 新增业务员。

操作部门及人员

由系统管理员administrator(密码：888888)登录进行参数设置；由信息管理员李伟(密码：666666)登录进行基础资料设置。

实验前准备

(1) 将系统日期调整为2016-1-1。

(2) 恢复前述备份账套"F蓝海机械总公司(供应链初始化前账套)"。

实验数据

1. 基础资料

新增进行供应链业务时所用到的基础资料,包括批号/序列号编码规则、仓库、税务规则、物料、客户、供应商、部门、岗位、员工以及业务员。

(1) 批号编码规则如表4-1所示。其中,编码为"PMBM001",名称为"批号编码规则",勾选适用批号。

表4-1 批号编码规则

属性编码	属性名称	属性类型	长度	格式	设置值	起始值	步长
PHSX01_SYS	常量	常量	2	正常	PH		
PHSX02_SYS	流水号	流水号	3			1	1

(2) 序列号编码规则如表4-2所示。其中,编码为"PMBM002",名称为"序列号编码规则",不勾选适用批号。

表4-2 序列号编码规则

属性编码	属性名称	属性类型	长度	格式	设置值	起始值	步长
PHSX01_SYS	常量	常量	2	正常	PH		
PHSX02_SYS	流水号	流水号	3			1	1

(3) 仓库信息如表4-3所示。

表4-3 仓库信息

创建组织	仓库	仓库属性
总装事业部	总装原料仓	普通仓库
总装事业部	总装成品仓	普通仓库
机加事业部	机加原料仓	普通仓库
机加事业部	机加成品仓	普通仓库
变电器公司	变电器原料仓	普通仓库
变电器公司	变电器成品仓	普通仓库
变电器公司	变电器供应商仓	供应商仓
销售公司	销售成品仓	普通仓库
销售公司	销售客户仓	客户仓

(4) 物料由总装事业部创建，分配给其他组织使用，信息如表4-4所示。

表4-4 物料信息

物料编码	物料名称	属性	分配	其他选项
1.100	50kw柴油机	自制/产成品	销售公司、销售公司深圳分公司	
1.101	70kw柴油机	自制/产成品	销售公司，销售公司深圳分公司	启用序列号管理
3.100	气缸盖	外购/原材料	蓝海柴油机本部	
3.101	制动器	外购/原材料	蓝海柴油机本部	启用批号管理
2.100	调压阀	自制/半成品	机加事业部	
3.102	调压阀盖	外购/原材料	机加事业部、蓝海柴油机本部	
3.103	转轴	外购/原材料	机加事业部、蓝海柴油机本部	
3.104	螺杆	外购/原材料	机加事业部、蓝海柴油机本部	
3.105	螺母	外购/原材料	机加事业部、蓝海柴油机本部	
2.103	50kw变压器	自制/半成品	变电器公司	
2.104	70kw变压器	自制/半成品	变电器公司	
3.106	硅钢片	外购/原材料	变电器公司	
3.107	铜线	外购/原材料	变电器公司	
3.108	线缆	外购/原材料	变电器公司	
3.109	钢架	外购/原材料	变电器公司	
3.110	轴承	外购/原材料	蓝海柴油机本部	
4.100	润滑油	外购/产成品	销售公司、销售公司深圳分公司	
1.102	70kw柴油机套装	自制/产成品	销售公司、销售公司深圳分公司	

(5) 客户由销售公司创建，分配给其他组织使用，信息如表4-5所示。

表4-5 客户信息

客户	客户类别	对应组织	分配
东方机械	普通销售客户		变电器公司、销售公司深圳分公司
大宇机械	普通销售客户		变电器公司、销售公司深圳分公司
同益科技	寄售客户		
总装事业部	内部结算客户	总装事业部	蓝海柴油机本部、机加事业部、变电器公司
机加事业部	内部结算客户	机加事业部	蓝海柴油机本部
销售公司	内部结算客户	销售公司	总装事业部
销售公司深圳分公司	内部结算客户	销售公司	总装事业部

(6) 供应商由总装事业部创建，信息如表4-6所示。

表4-6 供应商信息

供应商	供应类别	对应组织	其他
明锐五金	采购		
美华公司	综合		勾选VMI业务
蓝海柴油机本部	采购	蓝海柴油机本部	
总装事业部	采购	总装事业部	
机加事业部	采购	机加事业部	
变电器公司	采购	变电器公司	
销售公司	采购	销售公司	

(7) 部门信息如表4-7所示。

表4-7 部门信息

创建组织	部门名称	部门属性
总装事业部	总装车间	基本生产部门
机加事业部	机加车间	基本生产部门
变电器公司	变电器车间	基本生产部门
变电器公司	销售部	管理部门
销售公司	销售部	管理部门
销售公司深圳分公司	深分	管理部门

(8) 岗位信息如表4-8所示。

表4-8 岗位信息

创建组织	岗位信息名称	所属部门
销售公司	销售员	销售部
销售公司深圳分公司	销售员	深分
变电器公司	销售员	销售部

(9) 员工信息如表4-9所示。

表4-9 员工信息

创建组织	员工姓名	员工编号	就任岗位
销售公司	王强	006	销售员
销售公司深圳分公司	王军	007	销售员
变电器公司	张涛	008	销售员

操作指导

1. 参数设置

系统管理员administrator登录K/3 Cloud系统，打开功能菜单，执行【基础管理】—【公共设置】—【参数设置】—【参数设置】命令，进入参数设置界面。

选择【供应链】—【库存管理】，进入库存管理参数设置界面。勾选"启用序列号管理"，并在"序列号唯一性范围"选框中选择"物料"，如图4-1所示，然后单击【保存】按钮保存。

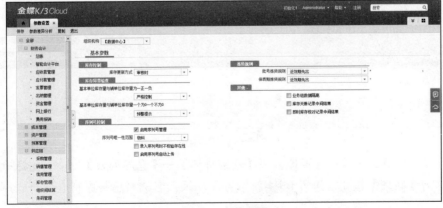

图4-1 参数设置

2. 新增批号/序列号编码规则

信息管理员李伟登录K/3 Cloud系统,打开功能菜单,执行【供应链】—【库存管理】—【批号管理】—【批号/序列号编码规则列表】命令,进入批号/序列号编码规则列表界面。

单击【新增】按钮,进入批号/序列号编码规则-新增界面,按照实验数据录入批号编码规则,单击【保存】按钮提交审核,如图4-2所示。

图4-2　批号编码规则

继续选择【新增】,进入批号/序列号编码规则-新增界面,按照实验数据录入序列号编码规则,单击【保存】按钮提交审核,如图4-3所示。

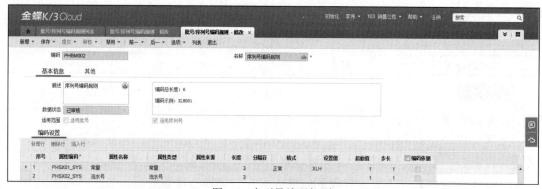

图4-3　序列号编码规则

3. 新增仓库

仓库为私有型的基础资料,因此需要到对应的组织下创建仓库,切换组织到"总装事业部",如图4-4所示。

图4-4　切换组织

执行【供应链】—【库存管理】—【基础资料】—【仓库列表】命令,进入仓库列表界面。单击【新增】按钮,进入仓库-新增界面,录入名称"总装原料仓",仓库属性选择"普通仓库",单击【保存】按钮提交审核,如图4-5所示。

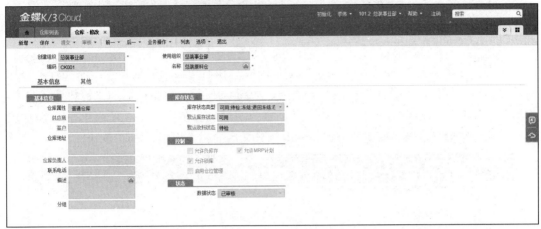

图4-5　新增仓库

参考前面的步骤,根据仓库的实验数据,新增其他仓库。实验数据中的仓库均新增并审核完毕后,返回仓库列表界面,单击【过滤】按钮,选择所有组织,可查看所有仓库,如图4-6所示。

图4-6　仓库列表

4. 设置税务规则

切换组织到"蓝海机械总公司",如图4-7所示。

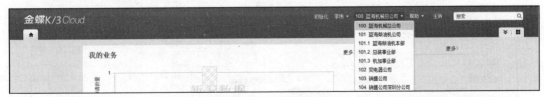

图4-7　切换组织

执行【基础管理】—【基础资料】—【税务管理】—【税务规则列表】命令,进入税务规则列表界面。双击选择名称为"销售业务税率-物料"的税务规则,进入税务规则-修改界面。

单击【反审核】按钮,如图4-8所示。

图4-8 反审核

单击"业务类型"为"单据"的"值/范围",在右边显示的列表中,添加行,添加单据"销售合同",保存并审核该税务规则,如图4-9所示。将审核后的"销售业务税率-物料"分配到变压器公司、销售公司以及销售公司深圳分公司,将"采购业务税率-供应商"分配到柴油机本部、变压器公司,并审核分配后的税务规则。

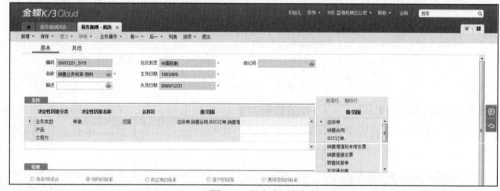

图4-9 税务规则

5. 新增物料

切换组织到"总装事业部",执行【基础管理】—【基础资料】—【主数据】—【物料列表】命令,单击【新增】按钮,进入物料-新增界面。录入编码"1.101",名称"70kw柴油机",在【基本】页签下,选择物料属性为"自制",选择存货类别为"产成品";在【库存】页签的"序列号管理"模块下,勾选"库存管理",选择编码为"PHBM002"的序列号编码规则,保存提交并审核,如图4-10所示。

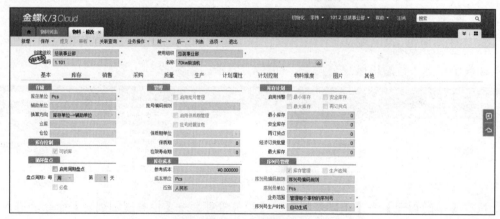

图4-10 新增物料

参考前面的步骤,根据实验数据新增其他物料。其中,物料"气缸盖"需启用批号管理,应在【库存】页签的"管理"模块下勾选"启用批号管理",并在批号编码规则中选择编码为"PHBM001"的规则。所有物料新增并审核成功后,重新进入【物料列表】,

如图4-11所示。

图4-11 物料列表

选择名称为"50kw柴油机""70kw柴油机""70kw柴油机套装"以及"润滑油"的物料，执行【业务操作】—【分配】命令，打开"请选择分配组织"对话框，勾选"销售公司"以及"销售公司深圳分公司"，如图4-12所示。单击【确定】按钮，系统将在对应组织生成数据状态为"暂存"的物料单据，对其进行保存提交审核。

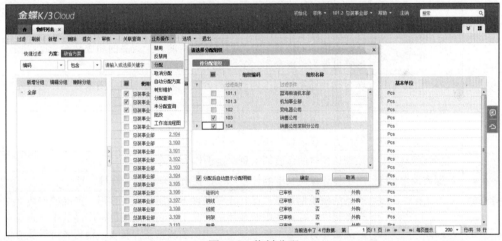

图4-12 物料分配

参考上述步骤，根据实验数据分配其他物料到对应的组织并提交审核。在填写物料信息时，主要字段位置及属性说明见表4-10所示。

表4-10 物料属性说明

位置	字段名	说明
单据头	编码	企业根据物料的性质设定的代码，主要是为了便于企业的库存、生产和销售的管理。通常由产品的类别、尺寸、组成等特性元素组成。物料的编码必须具有唯一性，不允许重复
	名称	企业给物料定义的名字，此名字通常受到行业的限制，需要与行业的名字保持一致

(续表)

位置	字段名	说明
基本页签	规格型号	物料的详细信息，通常包括物料的尺寸、型号、使用范围等用户关注的基础信息
	助记码	为了便于企业人员工作，而对物料设定的特殊的称呼
	物料属性	通常指物料的来源、用途、使用范围等特性。通常包括自制、委外、虚拟、外购等。 例如"外购"指由供应商提供的物料，通常为原材料
	存货类别	指物料的种类，如原材料、半成品、成品、辅料等
	允许采购	勾选，表示可以进行采购业务
	允许销售	勾选，表示可以进行销售业务
	允许库存	勾选，表示可以进行库存业务
	允许生产	勾选，表示可以进行生产业务
	允许委外	勾选，表示可以进行委外生产业务
	允许资产	勾选，表示可以进行资产管理业务
	税分类	物料计税的方式，包含标准税率、减免税率、零税、免税
	默认税率	物料默认的计税比例，如增值税一般为17%
	基本单位	计量物料尺度的基准
库存页签	库存单位	物料进行库存管理的计量尺度
	辅助单位	对产品进行另一个角度进行计量的尺度，辅助单位不能和基本单位存在固定换算关系
	仓库	按贮存物品的性质可分为贮存原材料的、半成品的和成品的仓库；按建筑形式可分为单层仓库、多层仓库、圆筒形仓库
	仓位	库存物料通常按照不同的物料分类、分区管理的原则来存放，进行定位管理，即仓位
	启用批号管理	勾选表示该物料启用批号管理
	启用保质期控制	勾选表示该物料启用保质期管理
	批号附属信息	控制该物料的保质期信息，是否作为批号的属性
	保质期单位	用于计算保质长度的计量单位，保质期单位通常有日、月、年
	保质期	产品的保质期是指产品在正常条件下的质量保证期限。产品的保质期由生产者提供，标注在限时使用的产品上。在保质期内，产品的生产企业对该产品质量符合有关标准或明示担保的质量条件负责，销售者可以放心销售这些产品，消费者可以安全使用
	启用序列号管理	勾选表示该物料启用序列号管理
	序列号编码规则	序列号的编码规则
	业务范围	序列管理的范围；包含管理每个事务的序列号和仅管理发货序列号
	序列号生成时机	序列号参数的时机，包括自动生成和预先生成
	最小库存	设定库存预警的最小库存数量
	最大库存	设定库存预警的最大库存数量
	安全库存	设定库存预警的安全库存数量
	再订货点	设定库存预警的再订货库存数量

6. 新增客户

切换组织到"销售公司",执行【基础管理】—【基础资料】—【主数据】—【客户列表】命令,单击【新增】按钮,进入客户-新增界面。录入名称"东方机械",客户类别选择"普通销售客户",单击【保存】按钮提交审核,如图4-13所示。

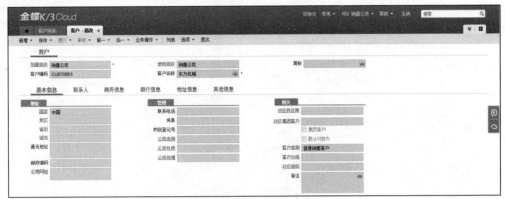

图4-13　新增客户

参考前面的步骤,根据客户的实验数据,新增其他客户。所有客户新增并审核成功后,重新进入客户列表,如图4-14所示。

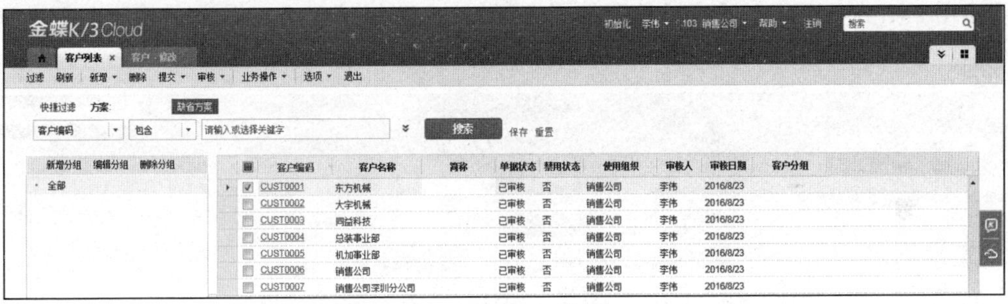

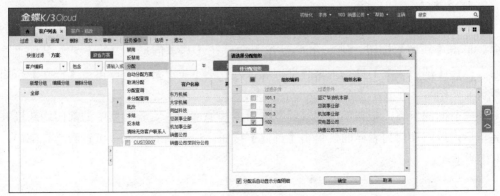

图4-14　客户列表

选择客户"东方机械"和"大宇机械",然后执行【业务操作】—【分配】命令,进入请选择分配组织界面,勾选"变电器公司"以及"销售公司深圳分公司",如图4-15所示。单击【确定】按钮,系统将在对应组织生成数据状态为"暂存"的客户单据,对其进行保存提交审核。根据实验数据分配其他客户到对应的组织并提交审核。

图4-15　客户分配

7. 新增供应商

切换组织到"总装事业部",执行【基础管理】—【基础资料】—【主数据】—【供应商列表】命令,单击【新增】按钮,进入供应商-新增界面。录入名称"明锐五金",供应类别选择"采购",单击【保存】按钮提交审核,如图4-16所示。

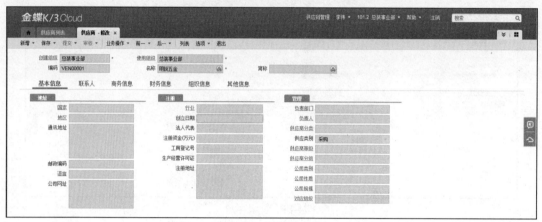

图4-16 新增供应商

参考前面的步骤,根据物料的实验数据,新增其他供应商。其中,客户"美华公司"需要启用VMI业务,应在【商务信息】页签下勾选"VMI业务"。所有供应商新增并审核成功后,重新进入供应商列表,如图4-17所示。

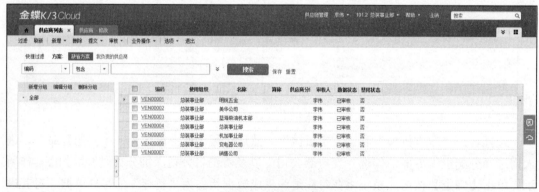

图4-17 供应商列表

8. 新增部门

执行【基础管理】—【基础资料】—【主数据】—【部门列表】命令,进入部门列表界面。单击【新增】按钮,进入仓库-新增界面,在【基本信息】页签下录入名称"总装车间";在【部门属性】页签下选择部门属性为"基本生产部门",单击【保存】按钮提交审核,如图4-18所示。

参考前面的步骤,根据部门的实验数据新增其他部门。实验数据中的部门均新增并审核完毕后,返回部门列表界面,单击【过滤】按钮,选择所有组织,可查看所有部门,如图4-19所示。

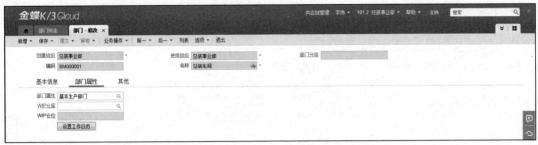

图4-18　新增部门

图4-19　部门列表

9. 新增岗位信息

切换组织到"销售公司",执行【基础管理】—【基础资料】—【公共资料】—【岗位信息列表】命令,进入岗位信息列表界面。单击【新增】按钮,进入岗位信息-新增界面,录入名称"销售员",选择部门"销售部",单击【保存】按钮提交审核,如图4-20所示。

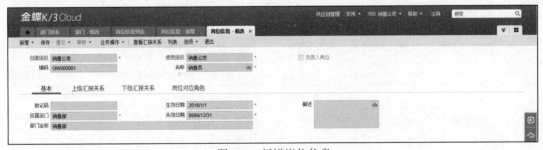

图4-20　新增岗位信息

参考前面的步骤,根据岗位信息的实验数据,新增其他岗位信息。实验数据中的岗位信息均新增并审核完毕后,返回岗位信息列表界面,单击【过滤】按钮,选择所有组织,可查看所有岗位信息,如图4-21所示。

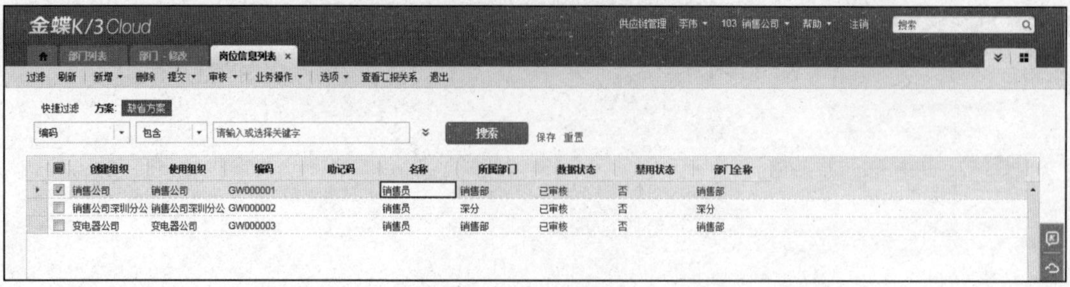

图4-21 岗位信息列表

10. 新增员工

切换组织到"变电器公司",执行【基础管理】—【基础资料】—【主数据】—【员工列表】命令,进入员工列表界面。单击【新增】按钮,进入员工-新增界面,录入员工姓名"王强",员工编号"006",在【员工任岗信息】页签中,选择就任岗位为"销售员",单击"保存"按钮提交审核,如图4-22所示。

图4-22 新增员工

参考前面的步骤,根据员工的实验数据,新增其他员工。实验数据中的员工均新增并审核完毕后,返回员工列表界面,单击【过滤】按钮,选择所有组织,可查看所有员工,如图4-23所示。

图4-23 员工列表

11. 新增业务员

执行【基础管理】—【基础资料】—【公共资料】—【业务员列表】命令,进入业务员列表界面。单击【新增】按钮,进入业务员-新增界面,选择业务员类型为"销售员",在【业务员分录】页签下,录入三个员工姓名"王军""张涛""王强",单击【保存】按钮,如图4-24所示。

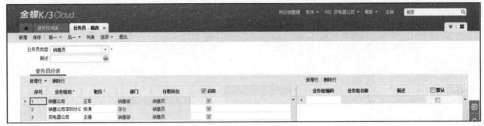

图4-24 新增业务员

注意：

① 物料是原材料、半成品、产成品等企业生产经营资料的总称，是企业经营运作、生存获利的物质保障，物料资料的设置也成为设置系统基本业务资料的最基本、最重要的内容。物料包括基本、库存、销售、采购、计划、生产等页签。每一个标签页分别保存与某一个主题相关的信息。本案例中，除实验数据以外的信息均使用系统默认。物料为分配型基础资料，由总装事业部进行新增及维护，分配其他组织使用，使不同组织使用相同物料的信息保持一致。

② 供应商是采购管理系统运行的重要业务资料。在系统设置中，我们将供应商设置为共享型基础资料，则新增供应商基础资料后，所有组织均可直接使用，本案例中供应商的基础资料由总装事业部进行新增及维护。

③ 部门为私有型的基础资料，因此需要到对应的组织下创建部门，切换组织到"总装事业部"。

④ 设置税务规则，可以定义销售和采购业务使用缺省税率或税组合，系统在组织"蓝海机械总公司"下预置多个税务规则，本案例对其进行编辑并分配其他组织使用。

⑤ 岗位信息为私有型的基础资料，因此需要到对应的组织下创建岗位信息。

⑥ 员工为私有型的基础资料。

⑦ 业务员包括销售员与采购员等，设置为销售员的员工，才能在销售订单的销售员处被对应地选择。

实验二 总账初始化

应用场景

掌握总账初始化的设置方法。

实验步骤

(1) 设置核算体系。
(2) 新增账簿。
(3) 设置总账管理参数。
(4) 录入科目期初余额。
(5) 结束初始化。

操作部门及人员

由信息管理员李伟(密码:666666)登录进行总账初始化的设置。

实验前准备

接着实验一继续练习。

实验数据

1. 基础资料

进行总账初始化,首先要进行总账基础资料的设置,系统中预置了多个基础资料的默认值,在本案例中,对核算体系进行设置,并新增账簿,其他基础资料使用系统预置。

(1) 核算体系如表4-11所示。

表4-11 核算体系

编码	名称	法人核算体系	核算组织	下级组织
01	法人核算体系	是	蓝海机械总公司	蓝海机械总公司
			蓝海柴油机公司	蓝海柴油机本部
				总装事业部
				机加事业部
			变电器公司	变电器公司
			销售公司	销售公司
			销售公司深圳分公司	销售公司深圳分公司
02	利润中心核算体系	否	蓝海柴油机本部	蓝海柴油机本部
			总装事业部	总装事业部
			机加事业部	机加事业部
			变电器公司	变电器公司
			销售公司	销售公司
			销售公司深圳分公司	销售公司深圳分公司

(2) 账簿如表4-12所示。

表4-12 账簿

编码	核算体系	名称	核算组织	启用期间
001	法人核算体系	总公司账簿	蓝海机械总公司	2016.1
002	法人核算体系	柴油机公司账簿	蓝海柴油机公司	2016.1
003	利润中心核算体系	柴油机本部账簿	蓝海柴油机本部	2016.1
004	利润中心核算体系	总装账簿	总装事业部	2016.1
005	利润中心核算体系	机加账簿	机加事业部	2016.1
006	法人核算体系	变电器账簿	变电器公司	2016.1
007	法人核算体系	销售公司账簿	销售公司	2016.1
008	法人核算体系	深分账簿	销售公司深圳分公司	2016.1

2. 总账管理参数

指定各账簿的利润分配科目以及本年利润科目。总账管理参数如表4-13所示。

(6) 变电器账簿如表4-19所示。

表4-19 变电器公司账簿

科目#编码	科目#名称	余额方向	期初余额(原币)
1001	库存现金	借方	50 000
1002	银行存款	借方	300 000
1403	原材料	借方	40 000
1405	库存商品	借方	120 000
1511	长期股权投资	借方	40 000 000
1601	固定资产	借方	2 000 000
1602	累计折旧	贷方	950 000
4001	实收资本	贷方	36 160 000
4101	盈余公积	贷方	5 400 000

(7) 销售公司账簿如表4-20所示。

表4-20 销售公司账簿

科目#编码	科目#名称	余额方向	期初余额(原币)
1001	库存现金	借方	50 000
1002	银行存款	借方	300 000
1403	原材料	借方	0
1405	库存商品	借方	1 100 000
1511	长期股权投资	借方	40 000 000
1601	固定资产	借方	20 000 000
1602	累计折旧	贷方	4 750 000
4001	实收资本	贷方	51 300 000
4101	盈余公积	贷方	5 400 000

(8) 深分账簿如表4-21所示。

表4-21 深分账簿

科目#编码	科目#名称	余额方向	期初余额(原币)
1001	库存现金	借方	50 000
1002	银行存款	借方	3 000 000
1403	原材料	借方	0
1405	库存商品	借方	0
1511	长期股权投资	借方	40 000 000
1601	固定资产	借方	20 000 000
1602	累计折旧	贷方	4 750 000
4001	实收资本	贷方	50 200 000
4101	盈余公积	贷方	5 400 000

操作指导

1. 设置核算体系

信息管理员李伟登录K/3 Cloud系统，打开功能菜单，执行【财务会计】—【总账】—【基础资料】—【会计核算体系】命令，进入会计核算体系界面。系统预置了一个法人核算体系，对其进行修改，选择【审核】按钮旁边的倒三角图标，单击【反审核】按钮。

根据实验数据录入编码为"01"，名称为"法人核算体系"的会计核算体系，录入核算组织以及对应的下级组织，单击【保存】按钮提交审核，如图4-25所示。

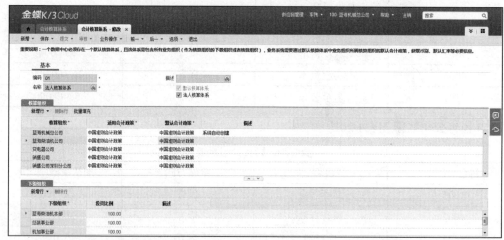

图4-25 修改会计核算体系

参考前面的步骤，根据会计核算体系的实验数据，录入"利润中心核算体系"，保存审核后重新进入会计核算体系界面，查看所有会计核算体系，如图4-26所示。

图4-26 会计核算体系列表

注意：

设置企业的会计核算体系时，应根据企业实际的管理层级关系，定义会计核算体系内的核算组织及其下级业务组织。

2. 新增账簿

执行【财务会计】—【总账】—【基础资料】—【账簿】命令，进入账簿界面。单击【新增】按钮，进入账簿-新增界面。根据账簿的实验数据，录入名称为"总公司账簿"

的账簿信息,单击【保存】按钮提交审核,如图4-27所示。

图4-27 新增账簿

参考前面的步骤,根据账簿的实验数据,录入其他账簿,保存审核后重新进入账簿界面,如图4-28所示。

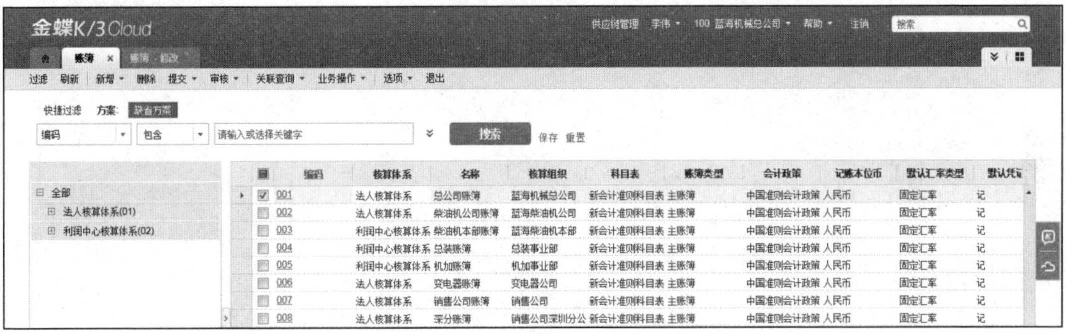

图4-28 账簿列表

注意:

账簿是一套财务数据的归集。根据会计核算体系中核算组织账务处理的实际情况,设置对应的账簿,并且定义账簿的类型、科目表以及记账本位币等信息。总账系统的凭证管理、期末处理以及账表查询等都是以账簿为基础。本案例中为每个组织新增一个主账簿。

3.设置总账管理参数

执行【财务会计】—【总账】—【参数设置】—【总账管理参数】命令,进入总账管理参数界面。选择组织机构"蓝海机械总公司",选择账簿"总公司账簿",输入利润分配科目为"利润分配",编号"4104";输入本年利润科目为"本年利润",编号"4103",单击【保存】按钮,如图4-29所示。选择其他组织机构,根据实验数据完成其他组织账簿的科目指定。

图4-29 总账管理参数

4. 录入科目期初余额

执行【财务会计】—【总账】—【初始化】—【科目初始数据录入】命令，进入科目初始数据录入界面。根据实验数据，录入"总公司账簿"的人民币初始余额，如图4-30所示。

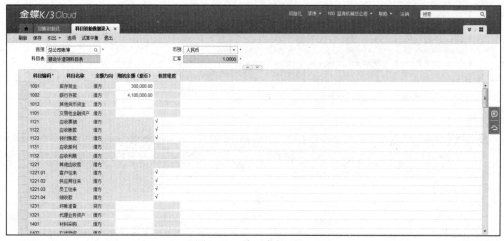

图4-30　科目余额录入

注意：

① 在录入初始数据时，首先根据核算币别的不同，分别录入初始数据。

② 录入初始数据时，只需录入明细科目的期初余额，即白色的行。灰色的行是非明细科目，由系统自动汇总算出。

③ 对于有核算项目的会计科目，需通过单击对应会计科目行、核算项目列的带有"√"的单元格，进入分核算项目录入的窗口，其数据内容和普通窗口一致。

填写完后，单击【试算平衡】按钮，查看录入余额是否平衡，如图4-31所示。试算平衡后，单击【保存】按钮，选择下一个账簿，参考上面的步骤，根据实验数据录入其他账簿的科目初始数据。

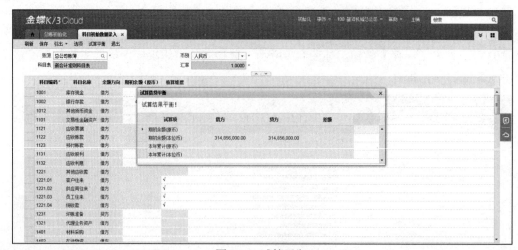

图4-31　试算平衡

注意：

如果试算的结果不平衡，则系统不允许结束初始化。

5. 结束初始化

执行【财务会计】—【总账】—【初始化】—【总账初始化】命令，进入总账初始化界面，勾选全部账簿后，单击【结束初始化】按钮结束账簿初始化，如图4-32所示。

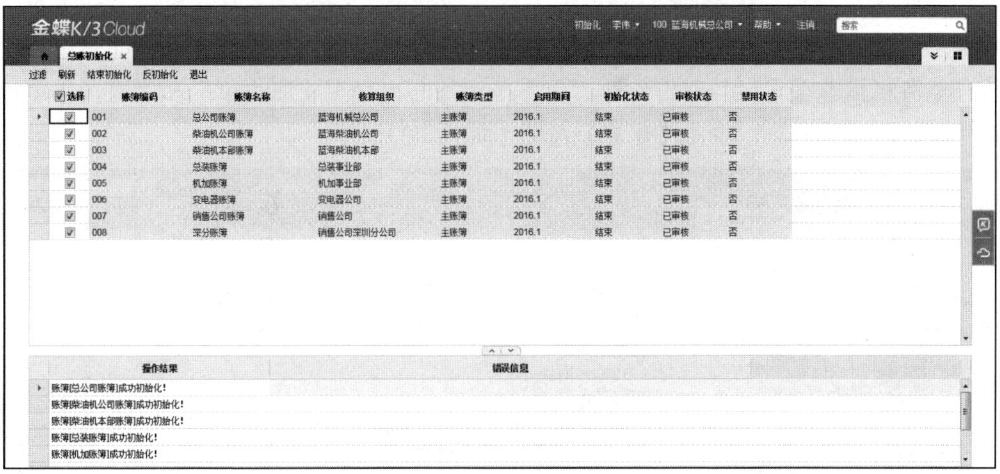

图4-32　总账初始化

注意：

① 一旦结束初始化，所有科目的初始数据将不能再修改、再录入。

② 如果发现初始化数据错误，可以通过反初始化，再进行修改。

实验三　应收应付初始化

应用场景

掌握应收应付初始化的设置方法。

实验步骤

(1) 应收应付管理的参数设置。

(2) 启用应收管理。

(3) 应收管理结束初始化。

(4) 启用应付管理。

(5) 应付管理结束初始化。

操作部门及人员

由信息管理员李伟(密码：666666)登录进行应收应付初始化的设置。

实验前准备

接着实验二继续练习。

实验数据

无

操作指导

1. 应收应付管理的参数设置

信息管理员李伟登录K/3 Cloud系统，打开功能菜单，执行【财务会计】—【应收款管理】—【参数设置】—【应收款管理参数】命令，进入应收款管理参数界面。选择组织机构"蓝海机械总公司"，取消勾选"出库单审核时自动生成应收单"和"退货单审核时自动生成应收单"选项，单击【保存】按钮，如图4-33所示。

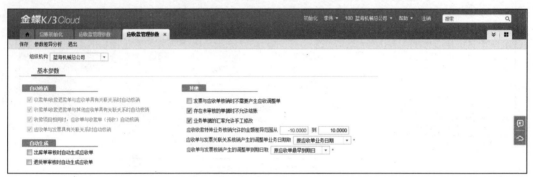

图4-33　应收管理参数

参考上述步骤，对所有的组织机构进行操作，使所有组织机构都取消勾选"出库单审核时自动生成应收单"以及"退货单审核时自动生成应收单"选项。

执行【财务会计】—【应付款管理】—【参数设置】—【应付款管理参数】命令，进入应付款管理参数界面。选择组织机构"蓝海机械总公司"，取消勾选"入库单审核时自动生成应付单"和"退料单审核时自动生成应付单"选项，单击【保存】按钮，如图4-34所示。

图4-34　应付管理参数

参考上述步骤，对所有的组织机构进行操作，使所有组织机构都取消勾选"入库单审核时自动生成应付单"和"退料单审核时自动生成应付单"选项。

2. 启用应收管理

执行【财务会计】—【应收款管理】—【初始化】—【启用日期设置】命令，进入应收款启用日期设置界面，勾选所有组织，并将所有组织均设置启用日期为"2016-01-01"，单击【启用】按钮，如图4-35所示。

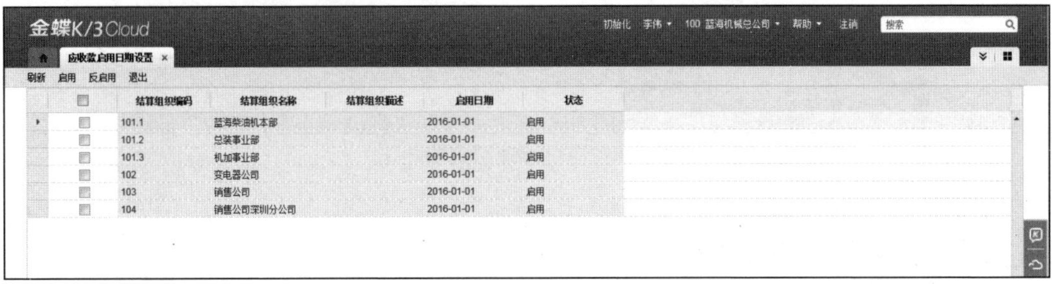

图4-35 应收管理启用日期设置

3. 应收管理结束初始化

执行【财务会计】—【应收款管理】—【初始化】—【应收款结束初始化】命令，进入应收款结束初始化界面，勾选所有组织，单击【结束初始化】按钮，完成应收管理的初始化，如图4-36所示。

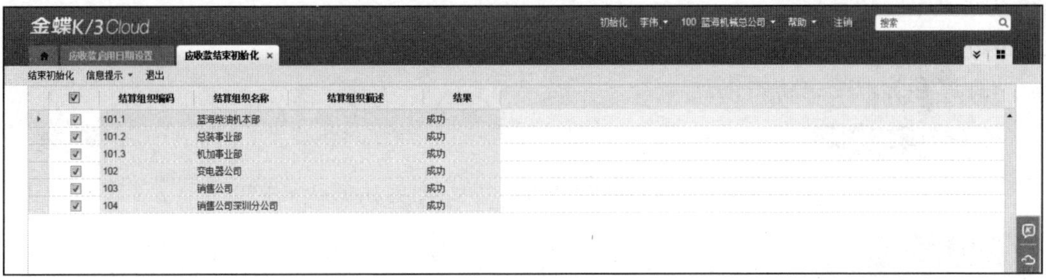

图4-36 应收管理结束初始化

4. 启用应付管理

执行【财务会计】—【应付款管理】—【初始化】—【启用日期设置】命令，进入应付款启用日期设置界面，勾选所有组织，并将所有组织均设置启用日期为"2016-01-01"，单击【启用】按钮，如图4-37所示。

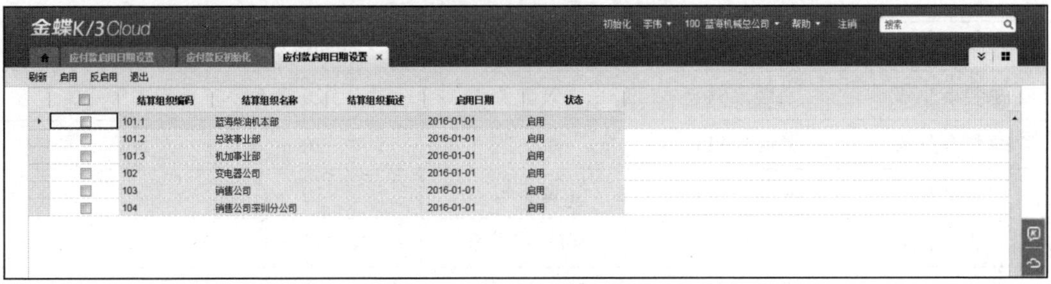

图4-37 应付管理启用日期设置

5. 应付管理结束初始化

执行【财务会计】—【应付款管理】—【初始化】—【应付款结束初始化】命令，进入应付款结束初始化界面，勾选所有组织，单击【结束初始化】按钮，完成应付管理的初始化，如图4-38所示。

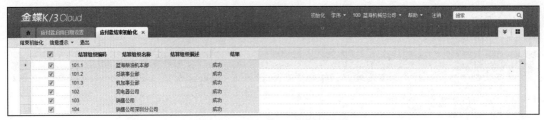

图4-38　应付管理结束初始化

实验四　库存管理初始化

应用场景

掌握库存管理初始化的设置方法。

实验步骤

(1) 启用库存管理。
(2) 录入初始库存。
(3) 库存管理结束初始化。

操作部门及人员

由信息管理员李伟(密码：666666)登录进行库存管理初始化的设置。

实验前准备

接着实验三继续练习。

实验数据

1. 初始库存

(1) 总装事业部期的总装原料仓初始库存如表4-22所示。

表4-22　总装原料仓初始库存

库存组织	仓库	物料	期初数量	其他选项
总装事业部	总装原料仓	气缸盖	20	
总装事业部	总装原料仓	制动器	20	录入批号
总装事业部	总装原料仓	调压阀	10	
总装事业部	总装原料仓	50kw变压器	10	
总装事业部	总装原料仓	70kw变压器	10	
总装事业部	总装原料仓	轴承	20	

(2) 总装事业部的总装成品仓初始库存如表4-23所示。

表4-23 总装成品仓初始库存

库存组织	仓库	物料	期初数量	其他选项
总装事业部	总装成品仓	润滑油	20	
总装事业部	总装成品仓	70kw柴油机	50	录入序列号
总装事业部	总装成品仓	50kw柴油机	50	

(3) 机加事业部的机加原料仓初始库存如表4-24所示。

表4-24 机加原料仓初始库存

库存组织	仓库	物料	期初数量	其他选项
机加事业部	机加原料仓	调压阀盖	20	
机加事业部	机加原料仓	转轴	20	
机加事业部	机加原料仓	螺杆	20	
机加事业部	机加原料仓	螺母	20	

(4) 机加事业部的机加成品仓初始库存如表4-25所示。

表4-25 机加成品仓初始库存

库存组织	仓库	物料	期初数量	其他选项
机加事业部	机加成品仓	调压阀	10	

(5) 变电器公司的变电器原料仓初始库存如表4-26所示。

表4-26 变电器原料仓初始库存

库存组织	仓库	物料	期初数量	其他选项
变电器公司	变电器原料仓	硅钢片	20	
变电器公司	变电器原料仓	铜线	20	
变电器公司	变电器原料仓	线缆	20	
变电器公司	变电器原料仓	钢架	20	

(6) 变电器公司的变电器成品仓初始库存如表4-27所示。

表4-27 变电器成品仓初始库存

库存组织	仓库	物料	期初数量	其他选项
变电器公司	变电器成品仓	50kw变压器	10	
变电器公司	变电器成品仓	70kw变压器	10	

(7) 销售公司公司的销售成品仓初始库存如表4-28所示。

表4-28 销售成品仓初始库存

库存组织	仓库	物料	期初数量	其他
销售公司	销售成品仓	70kw柴油机	20	录入序列号
销售公司	销售成品仓	50kw柴油机	20	

> 操作指导

1. 启用库存管理

信息管理员李伟登录K/3 Cloud系统，打开功能菜单，执行【供应链】—【库存管理】—【初始化】—【启用库存管理】命令，进入启用库存管理界面。勾选所有组织，所有组织均设置库存启用日期为"2016-1-1"，单击【启用】按钮，如图4-39所示。

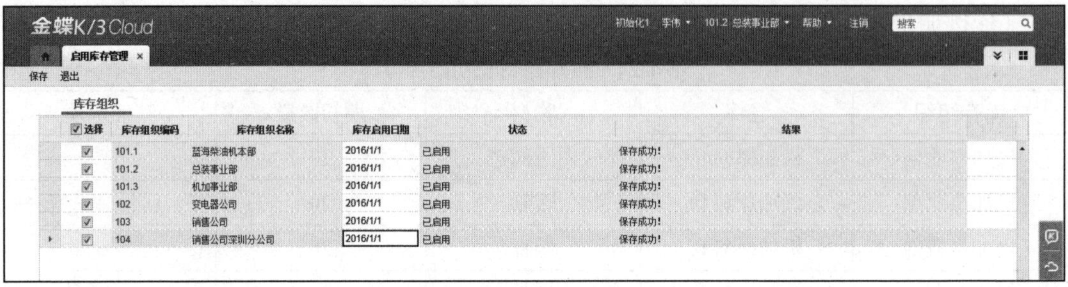

图4-39 启用库存管理

> 注意：
> 库存管理是企业的基础和核心，支撑着企业销售、采购、生产业务的有效运作。在进行销售采购业务前，需要对库存管理进行初始化。

2. 录入初始库存

切换组织到"总装事业部"，执行【供应链】—【库存管理】—【初始化】—【初始库存列表】命令，进入初始库存列表界面。单击【新增】按钮，进入初始库存-新增界面，选择仓库"总装原料仓"，根据实验数据，录入各物料的期初数量，其中物料"制动器"启用了批号管理，需要录入批号，在批号框中录入"PH000"，单击【保存】按钮提交审核，如图4-40所示。

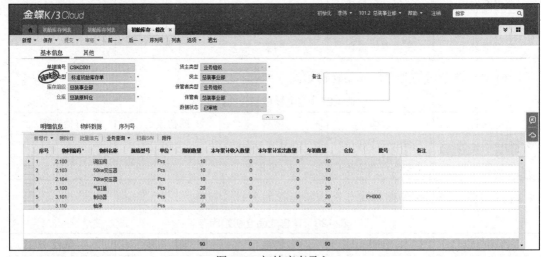

图4-40 初始库存录入

> 注意：
> ① 后续物料"制动器"入库时，会根据批号编码规则自动生成批号，在初始库存录

入时，需手动输入物料的批号，若有不同批次的产品，则需要分行录入。

② 录入初始库存，若物料勾选了批号管理或者序列号管理，则需要在录入期初库存以及后续出入库操作时进行设置。

审核后单击【新增】按钮，进入新的初始库存-新增界面，选择仓库"总装成品仓"，根据实验数据，录入各物料的期初数量。其中，物料"70kw柴油机"启用了序列号管理，需要录入序列号。可选中"70kw柴油机"，单击【序列号】按钮，进入【序列号】页签，选择"批量S/N"，弹出"批量录入序列号"对话框，确认序列号规则以及数量50个，如图4-41所示。

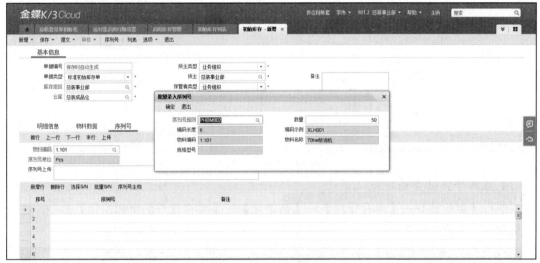

图4-41 批量录入序列号

单击【确定】按钮，则自动填充序列号，单击【保存】按钮提交审核，如图4-42所示。

图4-42 录入序列号

切换其他组织，单击【新增】按钮，参考上述步骤，根据实验数据，录入其他仓库的初始库存。其中，销售成品仓中的物料"70kw柴油机"同样需要录入序列号。实验数据中的仓库初始库存均新增并审核完毕后，返回初始库存列表界面，单击【过滤】按钮，选择所有组织，可查看所有仓库的初始库存，如图4-43所示。

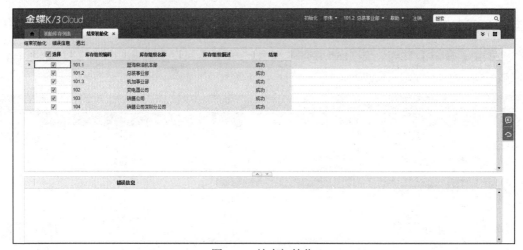

图4-43　初始库存列表

3. 库存管理结束初始化

执行【供应链】—【库存管理】—【初始化】—【库存管理结束初始化】命令，进入结束初始化界面。勾选所有组织，单击【结束初始化】按钮，如图4-44所示。

图4-44　结束初始化

实验五　存货核算初始化

应用场景

掌握存货核算初始化的设置方法。

实验步骤

(1) 新增核算范围。
(2) 启用库存管理。
(3) 录入初始库存。
(4) 库存管理结束初始化。

操作部门及人员

由信息管理员李伟(密码：666666)登录进行存货核算初始化的设置。

实验前准备

接着实验四继续练习。

实验数据

1. 核算范围

(1) 核算范围如表4-29所示。

表4-29 核算范围

核算体系	核算组织	会计政策	核算范围名称	计价方法	核算范围
法人核算体系	蓝海柴油机公司	中国准则会计政策	柴油机核算范围	加权平均法	蓝海柴油机本部
					总装事业部
					机加事业部
法人核算体系	变电器公司	中国准则会计政策	变电器核算范围	加权平均法	变电器公司
法人核算体系	销售公司	中国准则会计政策	销售公司核算范围	加权平均法	销售公司
法人核算体系	销售公司深圳分公司	中国准则会计政策	深分核算范围	加权平均法	销售公司深圳分公司

2. 初始核算数据

(1) 蓝海柴油机公司初始核算数据如表4-30所示。

表4-30 蓝海柴油机公司初始核算数据

核算体系	核算组织	物料	期初数量	期初单价
法人核算体系	蓝海柴油机公司	气缸盖	20	3000
法人核算体系	蓝海柴油机公司	制动器	20	3000
法人核算体系	蓝海柴油机公司	调压阀	10	5000
法人核算体系	蓝海柴油机公司	50kw变压器	10	5000
法人核算体系	蓝海柴油机公司	70kw变压器	10	7000
法人核算体系	蓝海柴油机公司	轴承	20	2000
法人核算体系	蓝海柴油机公司	润滑油	20	100
法人核算体系	蓝海柴油机公司	70kw柴油机	50	30 000
法人核算体系	蓝海柴油机公司	50kw柴油机	50	25 000
法人核算体系	蓝海柴油机公司	调压阀盖	20	800
法人核算体系	蓝海柴油机公司	转轴	20	800
法人核算体系	蓝海柴油机公司	螺杆	20	800

(续表)

核算体系	核算组织	物料	期初数量	期初单价
法人核算体系	蓝海柴油机公司	螺母	20	800
法人核算体系	蓝海柴油机公司	调压阀	10	5000

(2) 变电器公司初始核算数据如表4-31所示。

表4-31　变电器公司初始核算数据

核算体系	核算组织	物料	期初数量	期初单价
法人核算体系	变电器公司	硅钢片	20	500
法人核算体系	变电器公司	铜线	20	500
法人核算体系	变电器公司	线缆	20	500
法人核算体系	变电器公司	钢架	20	500
法人核算体系	变电器公司	50kw变压器	10	5000
法人核算体系	变电器公司	70kw变压器	10	7000

(3) 销售公司初始核算数据如表4-32所示。

表4-32　销售公司初始核算数据

核算体系	核算组织	物料	期初数量	期初单价
法人核算体系	销售公司	70kw柴油机	20	30 000
法人核算体系	销售公司	50kw柴油机	20	25 000

操作指导

1. 新增核算范围

信息管理员李伟登录K/3 Cloud系统，打开功能菜单，执行【成本管理】—【存货核算】—【基础资料】—【核算范围】命令，进入存货核算界面。单击【新增】按钮，进入核算范围设置-新增界面，新增蓝海柴油机公司的核算范围。根据实验数据录入核算范围名称，选择核算体系编码、核算组织编码以及会计政策编码，并选择计价方法以及划分依据。本案例中，划分依据选择"货主"，在【核算范围】页签下录入货主名称"蓝海柴油机本部""总装事业部"以及"机加事业部"，单击【保存】按钮提交审核，如图4-45所示。

图4-45　核算范围设置

参考上述步骤，根据实验数据，新增其他组织的核算范围。实验数据中的核算范围均新增并审核完毕后，重新打开核算范围界面，如图4-46所示。

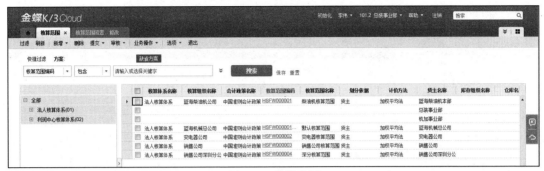

图4-46　核算范围

注意：

核算范围是指在"核算体系+核算组织+会计政策"的总核算维度下，将存货划分为若干个空间范围，每个空间范围都有单独的计价方法，从而形成若干个价值序列分别进行存货核算。新增核算范围时，选择核算体系、核算组织及会计政策，设置计价方法及核算范围划分依据。本案例中仅设置法人核算范围。

2. 启用存货核算系统

执行【成本管理】—【存货核算】—【初始化】—【启用存货核算系统】命令，进入启用存货核算系统界面。勾选法人核算体系下的"蓝海柴油机公司""变电器公司""销售公司""销售公司深圳分公司"，并设置启用会计年度为"2016"，启用会计期间为"1"，单击【启用】按钮，如图4-47所示。

图4-47　启用存货核算系统

3. 初始核算数据录入

切换组织到"蓝海柴油机公司"，执行【成本管理】—【存货核算】—【初始化】—【初始核算数据录入】命令，进入初始核算数据录入界面。单击【新增】按钮，进入初始核算数据录入-新增界面,选择核算体系"法人核算体系",核算组织"蓝海柴油机公司",会计政策"中国准则会计政策",然后执行【业务操作】—【获取库存期初数据】命令,如图4-48所示。

图4-48　获取库存期初数据

根据实验数据,录入各物料的期初单价,单击【保存】按钮,如图4-49所示。

图4-49　初始核算数据录入

单击【新增】按钮,进入新的初始存货核算数据录入-新增界面,参考上述步骤,根据实验数据,录入其他初始存货核算数据。实验数据中的初始存货核算数据均新增并保存完毕后,返回初始存货核算数据录入界面,单击【过滤】按钮,选择所有组织,可查看所有初始存货核算数据,如图4-50所示。

图4-50 初始核算数据录入列表

4. 存货核算初始化

执行【成本管理】—【存货核算】—【初始化】—【存货核算初始化】命令，进入结束初始化界面。勾选所有核算组织，单击【结束初始化】按钮，如图4-51所示。

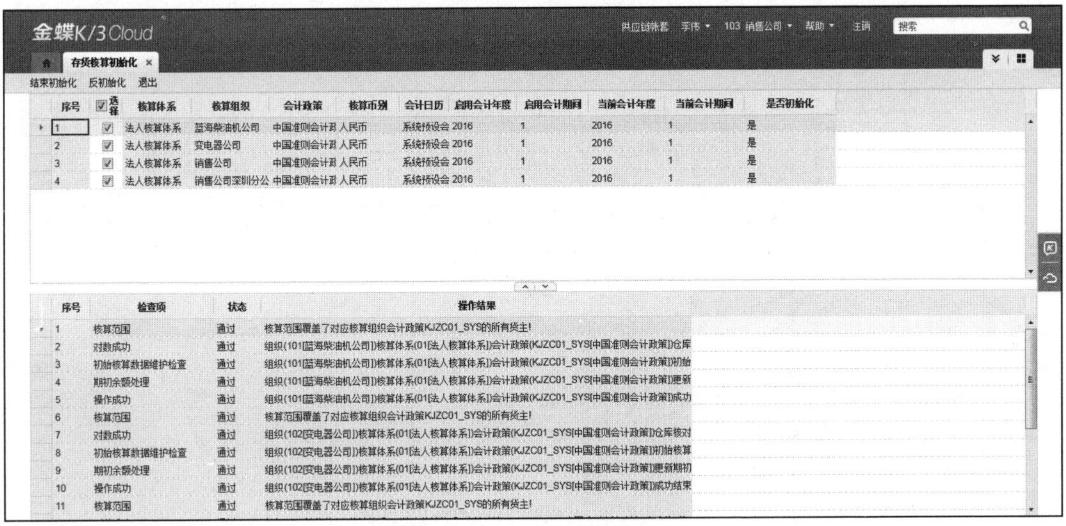

图4-51 存货核算初始化

实验完成后，备份账套，备份文件名为"F蓝海机械总公司(销售管理前账套)"。

第 5 章 销售管理

5.1 系统概述

销售活动是企业所有经营活动的起点,对企业的生产、财务、人事等各项管理都有决定性的作用。

销售管理系统,通过对销售订货、商品发货、货款应收的全过程进行有效控制和跟踪,可以实现缩短产品交货期、降低成本、提升企业经济效益的目标。

▶ 5.1.1 销售管理系统基本业务流程

金蝶K/3 Cloud销售管理系统概括为四个步骤:基础设置→订单管理→销售出库→销售退货,结合信用管理、库存管理、财务收款共同完成整个过程。

销售管理系统标准业务流程如图5-1所示。

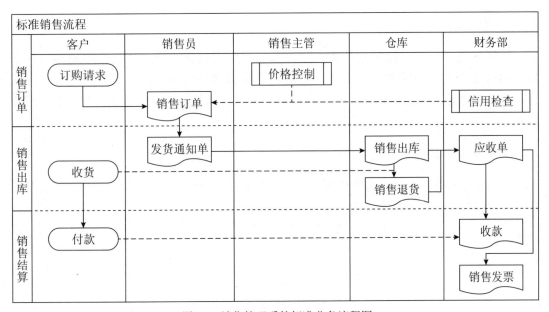

图5-1 销售管理系统标准业务流程图

5.1.2 重点功能概述

销售管理以满足客户需求为起点展开，在系统中实现业务运转的前提就归纳为系统的基础设置，如系统参数、客户、价目表等。金蝶K/3 Cloud销售管理系统提供的重点管理功能如下。

1. 客户管理

客户管理是对客户基本信息进行统一维护的入口，可以对客户进行分组、分类管理。方便及时了解客户从而充分利用客户信息开展相关业务工作，更好地满足客户需求。

2. 价格管理

销售价格管理是企业一项重要的销售政策，通过价格控制可以保证企业销售政策的有效执行。通过设置价格信息，订单可以实现自动取价，按照最低限价方式灵活地实现价格控制。

3. 销售订单

销售订单是记录客户需求的单据，为后续业务的执行提供了必要的信息。订单会体现客户信息、商品需求、商品价格以及交货要求等，为后续的跟踪监控提供线索。

4. 销售出库单

销售出库单记录着执行的状况，能反映订单执行的程度。比如货物发放的仓库、数量以及货物接收方。

5. 销售退货单

销售退货是指客户因为发货错误、质量等问题需要将货物退回给供应商的一种业务。销售退货支持两种类型：退货、补货；并提供四种退货流程分别是根据原订单进行退货、根据出库单进行退货、创建退货订单来退货和补货、手工创建销售退货单进行退货。

6. 寄售业务处理

寄售是指企业把商品提供给代理商，代理商可在双方协议规定的期限内销售此商品，售后代理商和企业进行货款结算。

5.2 实验练习

实验一 销售价格管理

应用场景

为了保证获取一定的销售利润,企业必须要对销售商品的价格进行管控,在销售业务开展前,企业根据业务的需要,建立统一的销售价目表、销售调价方案和销售折扣表。

实验步骤

(1) 新建销售价目表。
(2) 新建销售调价方案。
(3) 新建销售折扣表。

操作部门及人员

由信息管理员李伟负责新建销售管理系统的销售价目表、销售调价方案和销售折扣表。

登录系统的用户名:李伟;密码:666666。

实验前准备

(1) 将系统日期调整为2016-1-1。
(2) 恢复备份账套"F蓝海机械总公司(销售管理前账套)"。

实验数据

信息管理员李伟负责新建销售管理系统的销售价目表、销售调价方案和销售折扣表。销售价目表实验数据如表5-1所示、销售调价方案实验数据如表5-2所示、销售折扣表实验数据如表5-3所示。

表5-1 销售价目表实验数据

序号	物料名称	计划单位	结算币别	价格(含税)	生效日
1	50kw 柴油机	Pcs	人民币	25 000	2016/1/1
2	70kw 柴油机	Pcs	人民币	30 000	2016/1/1

表5-2 销售调价方案实验数据

调价物料范围(从)	调价物料范围(至)	调价类型	调价方法	调价幅度
50kw柴油机	70kw 柴油机	单价	百分比	5.00

表5-3 销售折扣表实验数据

序号	物料名称	折扣类型	折扣依据	从	至	计算方式	折扣率/%
1	50kw 柴油机	折扣	数量折扣	2	5	折扣率	5
2	50kw 柴油机	折扣	数量折扣	5	10	折扣率	10
3	50kw 柴油机	折扣	数量折扣	10	999	折扣率	20

操作指导

1. 新建销售价目表

信息管理员李伟登录金蝶K/3 Cloud主界面，执行【供应链】—【销售管理】—【价格管理】—【销售价目表】命令，打开销售价目表页面，单击【新增】按钮，打开销售价目表新增页面，录入表5-1销售价目表实验数据，新建的销售价目表如图5-2所示。审核后将销售价目表分发给销售公司深圳分公司。

图5-2 销售价目表

2. 新建销售调价方案

信息管理员李伟登录金蝶K/3 Cloud主界面，执行【供应链】—【销售管理】—【价格管理】—【销售调价方案】命令，打开销售调价方案页面，单击【新增】按钮，打开销售调价方案新增页面，录入表5-2销售调价方案实验数据，新建的销售调价方案如图5-3所示。

图5-3 销售调价方案

3. 新建销售折扣表

信息管理员李伟登录金蝶K/3 Cloud主界面，执行【供应链】—【销售管理】—【价格管理】—【销售折扣表】命令,打开销售折扣表页面,单击【新增】按钮,打开销售折扣表新增页面,录入表5-3销售折扣表实验数据,新建的销售折扣表如图5-4所示。

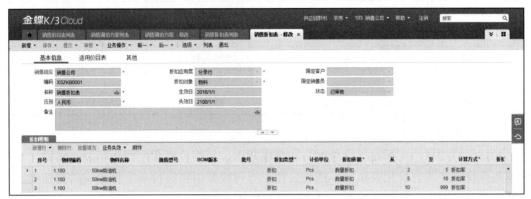

图5-4　销售折扣表

实验二　一般销售业务

应用场景

一般常见的销售业务流程是指从销售订单、销售出库到销售退货过程。

实验步骤

(1) 销售订单。

(2) 销售出库。

(3) 销售退货。

操作部门及人员

销售公司销售员王军负责管理维护销售订单、发货通知单和退货通知单,用户名:王军,密码:666666。

销售公司仓管员李娟负责管理维护销售出库单和销售退货单,用户名:李娟,密码:666666。

销售公司会计王艳负责管理维护销售应收单,用户名:王艳,密码:666666。

实验前准备

完成实验一。

实验数据

1. 销售报价单

2016年1月1日,销售公司销售王军收到客户东方机械的购货意向,东方机械意向采购5台50kw柴油机,王军向客户东方机械发出销售报价单。

销售报价单实验数据如表5-4所示。

表5-4 销售报价单实验数据

单据类型	标准销售报价单	销售组织	销售公司
生效日	2016/1/1	失效日	2100/1/1
客户	东方机械	销售	王军
物料编码	1.100	物料名称	50kw柴油机
单位	Pcs	数量	5
单价	采用实验一销售价目表	折扣	采用实验一销售折扣表

2. 销售订单

2016年1月2日，王军通过洽谈后与客户成共识，采购价格和采购折扣按照实验一新建的销售价目表和销售折扣表执行，销售公司王军再根据销售报价单下推生成销售订单，根据销售订单下推生成发货通知单。销售订单数据如表5-5所示。

表5-5 销售订单实验数据

单据类型	标准销售订单	销售组织	销售公司
日期	2016/1/2	要货日期	2100/1/1
客户	东方机械	销售	王军
物料编码	1.100	物料名称	50kw柴油机
单位	Pcs	数量	5
单价(含税)	按照实验一销售价目表	折扣	按照实验一销售折扣表

3. 销售出库单

2016年1月3日，销售公司的仓管员李娟按照王军发出的发货通知单进行销售产品出库，根据发货通知单生成销售出库单。

销售出库单实验数据如表5-6所示。

表5-6 销售出库单实验数据

单据类型	标准销售出库单	发货组织	销售公司
日期	2016/1/3	结算币别	人民币
销售组织	销售公司	销售	王军
物料编码	1.100	物料名称	50kw柴油机
单位	Pcs	应发数量	5
实发数量	5	仓库	销售成品仓

4. 销售应收单

2016年1月4日，销售公司的会计王艳按照仓管员李娟发出销售出库单生成销售应收单。销售应收单实验数据如表5-7所示。

表5-7 销售应收单实验数据

单据类型	标准应收单	核算组织	销售公司
业务日期	2016/1/4	收款组织	销售公司
到期日	2100/1/1	销售组织	销售公司

(续表)

单据类型	标准应收单	核算组织	销售公司
客户	东方机械	物料名称	50kw柴油机
计价单位	Pcs	计价数量	5
加税合计	124 687.5	费用承担部门	本部财务部

5. 退货通知单

2016年1月6日，因产品质量问题，客户东方机械发生退货诉求，要求退货2台50kw柴油机。销售公司王军新增退货通知单。

退货通知单实验数据如表5-8所示。

表5-8 退货通知单实验数据

单据类型	标准退货通知单	退货客户	东方机械
库存组织	销售公司	结算币别	人民币
日期	2016/1/6	销售	王军
物料编码	1.100	物料名称	50kw柴油机
单位	Pcs	数量	2
退货日期	2016/1/6	退货类型	退货

6. 销售退货单

2016年1月7日，销售公司的仓管员李娟收到退货产品后，根据销售公司王军的退货通知单生成销售退货单。

销售退货单实验数据如表5-9所示。

表5-9 退货通知单实验数据

单据类型	标准销售退货单	退货客户	东方机械
库存组织	销售公司	结算币别	人民币
日期	2016/1/7	销售	王军
物料编码	1.100	物料名称	50kw柴油机
单位	Pcs	应退数量	2
实退数量	2	退货类型	退货

7. 销售应收单

2016年1月8日，销售公司会计王艳根据仓管员李娟的销售退货单生成应收单。

销售出库单实验数据如表5-10所示。

表5-10 销售应收单实验数据

单据类型	标准应收单	核算组织	销售公司
业务日期	2016/1/8	收款组织	销售公司
到期日	2016/1/31	销售组织	销售公司
客户	东方机械	结算币别	人民币
物料名称	50kw柴油机	计价单位	Pcs
计价数量	−2	加税合计	−49 875

操作指导

1. 销售报价单

2016年1月1日，销售公司销售王军登录金蝶K/3 Cloud主界面，执行【供应链】—【销售管理】—【报价】—【销售报价单】命令，打开销售报价单页面，单击【新增】按钮，打开销售报价单新增页面，录入表5-4销售报价单实验数据，新建的销售报价单如图5-5所示。

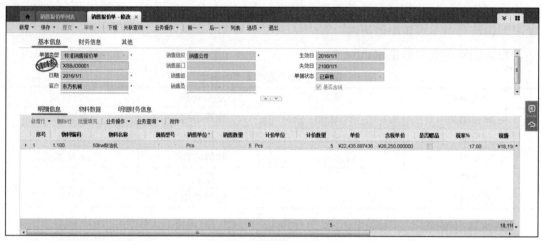

图5-5　销售报价单

2. 销售订单

2016年1月2日，销售公司王军登录金蝶K/3 Cloud主界面，执行【供应链】—【销售管理】—【订单处理】—【销售订单】命令，打开销售订单页面，单击【选单】按钮，打开销售订单选单页面，选择上述销售报价单，生成销售订单如图5-6所示。

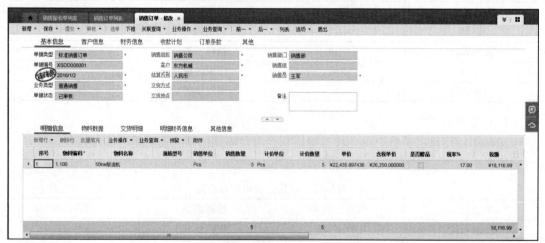

图5-6　销售订单

2016年1月2日，销售公司王军根据上述销售订单，单击【下推】按钮生成发货通知单，如图5-7所示。

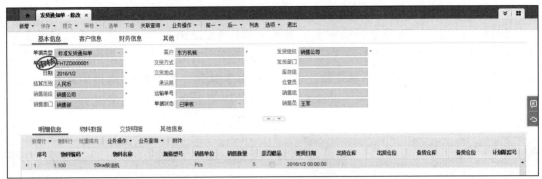

图5-7 发货通知单

3. 销售出库单

2016年1月3日，销售公司仓管员李娟登录金蝶K/3 Cloud主界面，执行【供应链】—【销售管理】—【出货处理】—【销售出库单】命令，打开销售出库单页面，单击【选单】按钮，打开销售出库单选单页面，选择上述发货通知单，生成的销售出库单如图5-8所示。

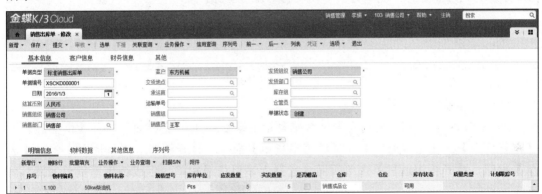

图5-8 销售出库单

4. 销售应收单

2016年1月4日，销售公司会计王艳登录金蝶K/3 Cloud主界面，执行【财务会计】—【应收款管理】—【销售应收】—【应收单快速新增】命令，打开应收单快速新增页面，选择上述销售出库单，单击【下推】按钮，下推生成销售应收单如图5-9所示。

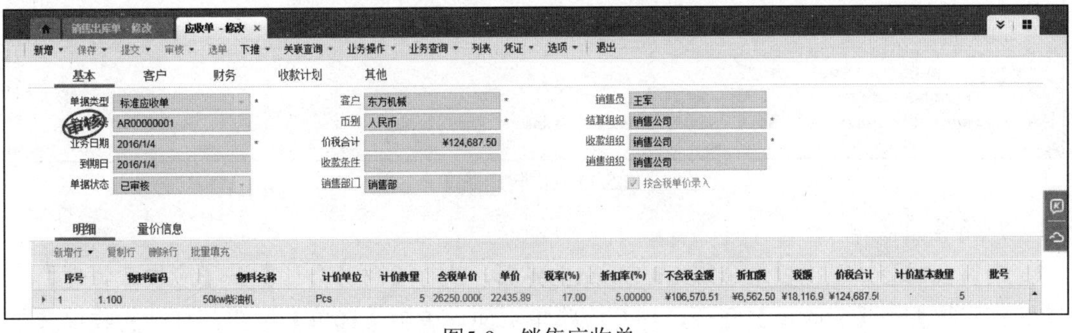

图5-9 销售应收单

5. 退货通知单

2016年1月6日，销售公司销售王军登录金蝶K/3 Cloud主界面，执行【供应链】—【销售管理】—【退货处理】—【退货通知单】命令，打开退货通知单页面，单击【新增】按钮，打开退货通知单新增页面，单击【选单】按钮，打开销售退货单选单页面，选择上述的销售出库单，按照实验表5-8数据修改退货数量，生成退货通知单如图5-10所示。

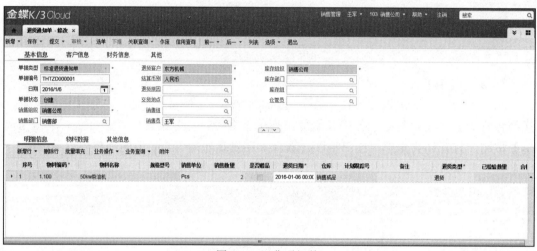

图5-10　退货通知单

6. 销售退货单

2016年1月7日，销售公司仓管员李娟登录金蝶K/3 Cloud主界面，执行【供应链】—【销售管理】—【退货处理】—【销售退货单】命令，打开销售退货单页面，单击【选单】按钮，打开销售退货单选单页面，选择上述退货通知单，生成销售退货单如图5-11所示。

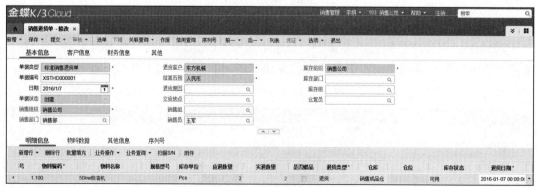

图5-11　销售退货单

7. 销售应收单

销售公司会计王艳登录金蝶K/3 Cloud主界面，执行【财务会计】—【应收款管理】—【销售应收】—【应收单】命令，打开应收单页面，单击【选单】按钮，打开应收单选单页面，选择上述销售退货单，生成销售应收单，如图5-12所示。

图5-12　销售应收单

实验三　寄售业务

应用场景

寄售(委托代销)是指企业把产品放在代销商处，由代销商来代替销售，然后根据代销情况和企业进行结算。

实验步骤

(1) 销售订单。
(2) 发货通知单。
(3) 直接调拨单。
(4) 寄售结算单。
(5) 寄售出库单。
(6) 销售应收单。

操作部门及人员

销售公司销售员王军负责管理维护销售订单、发货通知单、寄售结算单和销售出库单，用户名：王军，密码：666666。

销售公司仓管员李娟负责管理维护直接调拨单，用户名：李娟，密码：666666。

销售公司会计王艳负责管理维护销售应收单，用户名：王艳，密码：666666。

实验前准备

完成实验二。

实验数据

1. 销售订单

2016年1月1日，销售公司销售王军收到寄售客户同益科技购货意向，同益科技意向采购10台70kw柴油机，销售公司王军根据客户购买意向新增销售订单。

销售订单实验数据如表5-11所示。

表5-11 销售订单实验数据

单据类型	寄售销售订单	销售组织	销售公司
客户	同益科技	销售员	王军
结算币别	人民币	日期	2016/1/1
物料编码	1.101	物料名称	70kw柴油机
单位	Pcs	数量	10
单价(含税)	采用实验一价目表	折扣	无

2. 发货通知单

2016年1月2日,销售公司销售王军根据销售订单下推生成销售发货通知单。

销售发货通知单数据如表5-12所示。

表5-12 销售发货通知单数据

单据类型	寄售发货通知单	客户	同益科技
发货组织	销售公司	日期	2016/1/2
结算币别	人民币	销售组织	销售公司
物料编码	1.101	物料名称	70kw柴油机
单位	Pcs	数量	10
要货日期	2016/1/8		

3. 直接调拨单

2016年1月3日,由销售公司仓管李娟根据发货通知单发货,做直接调拨单发货到客户仓,生成直接调拨单。

直接调拨单数据如表5-13所示。

表5-13 直接调拨单实验数据

单据类型	寄售直接调拨单	调出库存组织	销售公司
业务类型	寄售	调出货主	销售公司
调拨方向	普通	调出货主类型	业务组织
调拨类型	组织内调拨	调入库存组织	销售公司
销售组织	销售公司	日期	2016/1/3
结算组织	销售公司	调入货主类型	业务组织
物料编码	1.101	跳入货主	销售公司
单位	Pcs	结算币别	人民币
要货日期	2016/1/8	调出仓库	销售成品仓
调入仓库	销售客户仓		

4. 寄售结算单

2016年1月4日,由销售公司王军根据直接调拨单生成寄售结算单。

寄售结算单实验数据如表5-14所示。

表5-14 销售出库单实验数据

单据类型	寄售结算单	客户	同益科技
日期	2016/1/4	结算币别	人民币
发货组织	销售公司	销售	王军
结算类型	发出	物料编码	1.101
物料名称	70kw柴油机	单位	Pcs
结算数量	5	计价数量	5

5. 寄售出库单

2016年1月6日,由销售公司仓管员李娟根据寄售结算单进行销售出库,并生成销售出库单,以记录库存情况。

销售出库单实验数据如表5-15所示。

表5-15 销售出库单实验数据

单据类型	寄售出库单	客户	同益科技
发货组织	销售公司	日期	2016/1/6
结算币别	人民币	销售组织	销售公司
物料编码	1.101	物料名称	70kw柴油机
库存单位	Pcs	应发数量	5
实发数量	5	仓库	销售客户仓

6. 销售应收单

2016年1月8日,销售公司会计王艳根据寄售结算单生成应收单。

销售应收单实验数据如表5-16所示。

表5-16 销售应收单实验数据

单据类型	标准应收单	核算组织	销售公司
业务日期	2016/1/8	收款组织	销售公司
到期日	2016/1/31	销售组织	销售公司
客户	同益科技	结算币别	人民币
物料名称	70kw柴油机	计价单位	Pcs
计价数量	5	加税合计	157 500

操作指导

1. 销售订单

2016年1月1日,销售公司销售王军登录金蝶K/3 Cloud主界面,执行【供应链】—【销售管理】—【订单处理】—【销售订单】命令,打开销售订单页面,单击【新增】按钮,打开销售订单新增页面,录入表5-11销售订单实验数据,生成销售订单如图5-13所示。

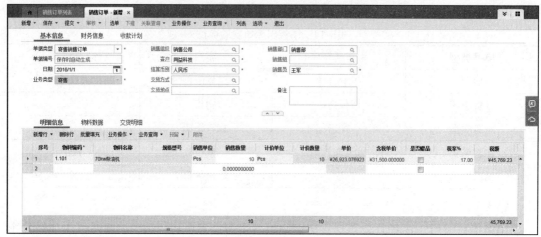

图5-13　销售订单

2. 发货通知单

2016年1月2日,销售公司王军登录金蝶K/3 Cloud主界面,执行【供应链】—【销售管理】—【出货处理】—【发货通知单】命令,打开发货通知单页面,单击【选单】按钮,打开发货通知单选单页面,选择上述销售订单,生成发货通知单如图5-14所示。

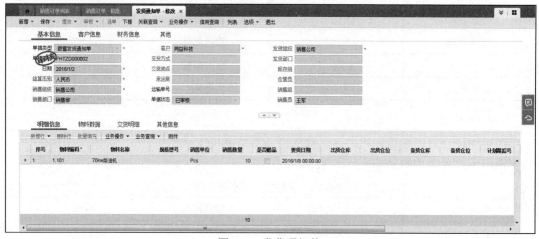

图5-14　发货通知单

3. 直接调拨单

2016年1月3日,销售公司仓管员李娟登录金蝶K/3 Cloud主界面,执行【供应链】—【库存管理】—【库存调拨】—【直接调拨单】命令,打开直接调拨单页面,单击【选单】按钮,打开直接调拨单选单页面,选择上述发货通知单,生成直接调拨单如图5-15所示。选择序列号为XLH051至XLH060的柴油机进行调拨。

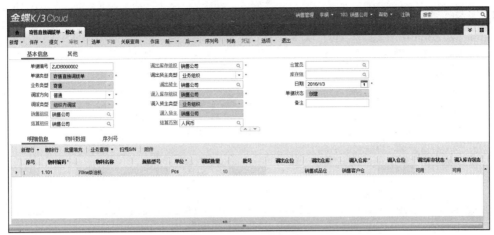

图5-15　直接调拨单

4. 寄售结算单

2016年1月4日，销售公司销售王军登录金蝶K/3 Cloud主界面，执行【供应链】—【销售管理】—【寄售】—【寄售结算单】命令，打开寄售结算单页面，单击【选单】的【发出选单】按钮，选择上述直接调拨单，再按照表5-14实验数据，把匹配发货页签中的结算数量和计价数量修改为5，生成寄售结算单如图5-16所示。

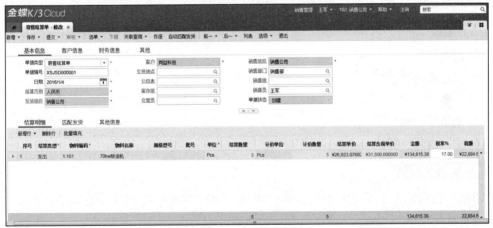

图5-16　寄售结算单

5. 寄售出库单

2016年1月6日，销售公司销售王军登录金蝶K/3 Cloud主界面，执行【供应链】—【销售管理】—【出货处理】—【销售出库单】命令，打开销售出库单页面，单击【选单】按钮，打开销售出库单选单页面，选择上述寄售结算单，选择序列号为XLH051至XLH055，生成寄售销售出库单如图5-17所示。

6. 销售应收单

2016年1月6日，销售公司会计王艳登录金蝶K/3 Cloud主界面，执行【财务会计】—【应收款管理】—【销售应收】—【应收单列表】命令，单击【新增】按钮，打开应收单页面，单击【选单】按钮，选择上述寄售结算单，生成应收单。

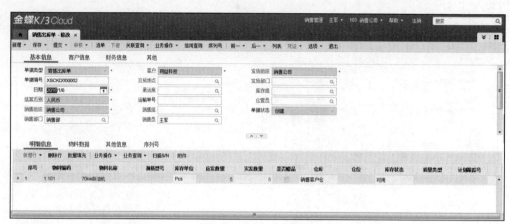

图5-17 寄售销售出库单

实验四　集中销售业务

应用场景

销售公司销售总装事业部生产的产品，由销售公司与客户进行集中结算，然后再通过组织间结算完成总装事业部与销售公司之间的结算。

实验步骤

(1) 销售订单。
(2) 发货通知单。
(3) 销售出库单。
(4) 销售应收单。
(5) 组织内部结算。

操作部门及人员

由销售公司销售王军新增销售订单("销售订单"的库存组织选择总装事业部)，并下推生成发货通知单。

由总装事业部仓管员张勇根据发货通知单下推生成销售出库单。

由销售会计王艳根据销售出库单下推生成应收单。

实验前准备

完成实验三。

实验数据

1. 销售订单

2016年1月1日，销售公司销售王军收到客户大宇机械购货意向，大宇机械意向采购10台50kw柴油机，销售公司王军根据客户购买意向新增销售订单。

销售订单实验数据如表5-17所示。

表5-17 销售订单实验数据

单据类型	标准销售订单	销售组织	销售公司
客户	大宇机械	销售员	王军
结算币别	人民币	日期	2016/1/1
物料编码	1.100	物料名称	50kw柴油机
单位	Pcs	数量	10
单价(含税)	采用实验一价目表	税率	17
要货日期	2016/1/4	库存组织	总装事业部
结算组织	销售公司	货主	总装事业部

2. 发货通知单

2016年1月2日，销售公司销售王军根据销售订单下推生成销售发货通知单。

销售发货通知单实验数据如表5-18所示。

表5-18 销售发货通知单数据

单据类型	标准发货通知单	客户	大宇机械
发货组织	总装事业部	日期	2016/1/2
结算币别	人民币	销售组织	销售公司
物料编码	1.100	物料名称	50kw柴油机
单位	Pcs	数量	10
要货日期	2016/1/4		

3. 销售出库单

2016年1月3日，总装事业部仓管员张勇根据发货通知单进行销售出库，并生成销售出库单。

销售出库单实验数据如表5-19所示。

表5-19 销售出库单数据

单据类型	标准销售出库单	客户	大宇机械
发货组织	总装事业部	日期	2016/1/3
销售组织	销售公司	销售	王军
物料编码	1.100	物料名称	50kw柴油机
单位	Pcs	应发数量	10
实发数量	10	仓库	总装成品仓

4. 销售应收单

2016年1月4日，销售公司的会计王艳根据总装事业部仓管员张勇的销售出库单生成销售应收单。

销售应收单数据如表5-20所示。

表5-20 销售应收单实验数据

单据类型	标准应收单	核算组织	销售公司
业务日期	2016/1/4	收款组织	销售公司
到期日	2016/1/31	销售组织	销售公司
客户	大宇机械	结算币别	人民币

(续表)

单据类型	标准应收单	核算组织	销售公司
物料名称	50kw柴油机	计价单位	Pcs
计价数量	5	加税合计	262 500

操作指导

1. 销售订单

2016年1月1日，销售公司销售王军登录金蝶K/3 Cloud主界面，执行【供应链】—【销售管理】—【订单处理】—【销售订单】命令，打开销售订单页面，单击【新增】按钮，打开销售订单新增页面，录入表5-15销售订单实验数据，生成销售订单如图5-18所示。

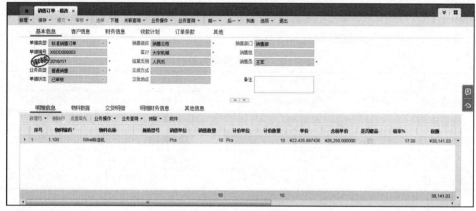

图5-18 销售订单

注意：

销售订单在录入相关数据时，销售组织和结算组织填写销售公司，库存组织和货主填写总装事业部。

2. 发货通知单

2016年1月2日，销售公司王军登录金蝶K/3 Cloud主界面，执行【供应链】—【销售管理】—【出货处理】—【发货通知单】命令，打开发货通知单页面，单击【选单】按钮，打开发货通知单选单页面，选择上述销售订单，生成发货通知单如图5-19所示。

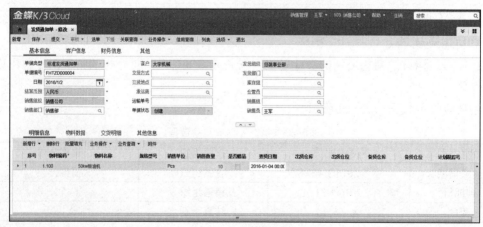

图5-19 发货通知单

3. 销售出库单

2016年1月3日，总装事业部仓管员张勇登录金蝶K/3 Cloud主界面，执行【供应链】—【销售管理】—【出货处理】—【销售出库单】命令，打开销售出库单页面，单击【选单】按钮，打开销售出库单选单页面，选择上述发货通知单，生成销售出库单如图5-20所示。

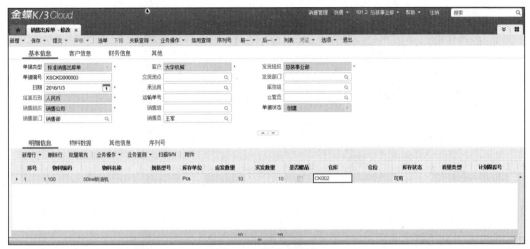

图5-20　销售出库单

4. 销售应收单

2016年1月4日，销售公司会计王艳登录金蝶K/3 Cloud主界面，执行【财务会计】—【应收款管理】—【销售应收】—【应收单】命令，打开应收单页面，单击【选单】按钮，打开应收单选单页面，选择上述销售出库单，生成销售应收单，如图5-21所示。

图5-21　销售应收单

上述实验做完后，备份账套，备份文件名为"F蓝海机械总公司(信用管理前账套)"。

第 6 章 信用管理

6.1 系统概述

信用管理可以帮助企业信用管理人员制定信用政策、对客户进行信用等级评估，授予相应的信用额度，并在业务过程中进行有效控制。通过信用管理，可以降低赊销风险，实现销售最大化、风险最小化。

金蝶K/3 Cloud信用管理系统提供信用政策制定、信用授予、信用初始化/重算、业务过程中的信用控制、信用查询分析等全过程信用管理功能，支持多种层级、多种范围、多种对象、多个时点、多种强度、多种币别的信用管理，并支持通过BOS_IDE的简单配置，实现自定义单据的信用管理。

▶ 6.1.1 销售管理系统基本业务流程

信用管理系统，是通过信用检查规则、信用档案、信用特批权限、信用初始化、信用重算、信用状况查询、例外信息查询、业务单据中的信用查询和信用控制等功能的综合运用，对信用管理全过程进行有效控制和跟踪，从而建立完善的信用管理体系。

信用管理系统整体业务流程如图6-1所示。

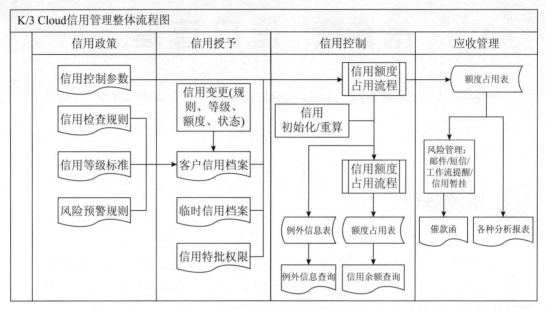

图6-1　信用管理系统整体业务流程图

6.1.2　重点功能概述

信用管理主要分为信用控制参数设置、信用检查规则设置、信用档案设置、日常业务信用检查、信用额度更新以及信用预警等部分。其中信用检查、信用额度更新贯穿整个销售业务始终。

1. 信用参数设置

启用"信用管理控制"是数据中心级参数，只有该参数勾选，整个系统信用控制才起作用。

"信用控制范围"参数可对多组织、多层级进行信用控制；"信用控制对象"参数可设置多种信用控制对象。

2. 信用检查规则

信用检查规则是企业进行信用控制的依据，规则确定了在哪些业务环节、哪种应用场景中进行信用控制以及控制的时点、控制强度和控制项目。

3. 信用档案

通过信用档案，授予信用管控对象所享有的信用额度，以及所采用的信用检查规则及该检查规则下各个信用检查项目的具体额度。

4. 信用初始化/信用重算

在启用信用管理时，需要先进行信用初始化。

如果信用检查规则发生变化，或者信用数据出现异常，可以用信用重算进行处理。

5. 单据中的信用控制

在业务单据提交或审核时，系统将根据信用检查规则、信用档案进行有效的控制，以降低信用风险，提高赊销成功率。

6. 单据中的信用查询

在业务单据中可以随时查询当前信用管控对象的信用状况，包括授信额度及余额，以便及时通知客户打款或调整订货金额。

7. 信用预警

通过信用预警机制，系统根据客户信用状况数据进行判断，自动发出预警信息给到相应人员，企业人员可以轻松实行催款、催缴。

6.2 实验练习

实验一　信用管理设置

应用场景

在业务开展前，信用管理人员需要启用信用管理和对系统进行参数设置，设置信用检查规则、设置信用档案、设置信用特批权限和信用初始化。

实验步骤

(1) 启用信用管理和参数设置。
(2) 设置信用检查规则。
(3) 建立信用档案。
(4) 设置信用特批权限。
(5) 信用初始化。

操作部门及人员

由系统管理员administrator登录，负责启用信用管理和参数设置。

由信息管理员李伟负责设置信用检查规则、建立信用档案、设置信用特批权限和信用初始化。

登录系统的用户名：administrator；密码：888888。

登录系统的用户名：李伟；密码：666666。

实验前准备

(1) 将系统日期调整为2016-1-1。

(2) 恢复备份账套"F蓝海机械总公司(信用管理前账套)"。

实验数据

系统管理员administrator负责启用信用管理和参数设置，参数设置实验数据如表6-1所示。

表6-1 参数设置实验数据

基本参数	☑启用信用控制
信用控制范围选项	☑组织范围　□法人范围　☑组织范围 范围超标判断依据：单项超标
信用控制对象选项	☑客户　　　□集团客户 ☑销售员　□销售组　□销售部门　□销售组织 范围超标判断依据：单项超标

信息管理员李伟负责设置信用检查规则、建立信用档案、设置信用特批权限和信用初始化，信用检查规则实验数据如表6-2所示。

表6-2 信用检查规则实验数据

规则编码：XYJCGZ2001			规则名称：销售订单检查规则		
单据名称	单据类型	检查及更新时点	控制强度	更新信用额度	检查信用
销售合同	全部	审核	预警提示	☑	☑
销售订单	全部	审核	密码特批	☑	☑

信用档案如实验数据表6-3～表6-6所示。

表6-3 信用档案实验数据-1

授信组织：销售公司		授信类型：客户		控制范围：组织	
授信对象	币别	信用状态	信用等级	信用检查规则	信用额度
大宇机械	人民币	正常检查	BBB	销售订单检查规则	300 000.00

表6-4 信用档案实验数据-2

授信组织：蓝海机械总公司		授信类型：客户		控制范围：集团	
授信对象	币别	信用状态	信用等级	信用检查规则	信用额度
东方机械	人民币	正常检查	AAA	销售订单检查规则	900 000.00
大宇机械	人民币	正常检查	BBB	销售订单检查规则	900 000.00
同益科技	人民币	正常检查	AAA	销售订单检查规则	900 000.00

表6-5　信用档案实验数据-3

授信组织：销售公司　　　授信类型：销售员　　　控制范围：组织

授信对象	币别	信用状态	信用检查规则	信用额度
王军	人民币	正常检查	销售订单检查规则	900 000.00

表6-6　信用档案实验数据-4

授信组织：蓝海机械总公司　　　授信类型：销售员　　　控制范围：集团

授信对象	币别	信用状态	信用检查规则	信用额度
王强	人民币	正常检查	销售订单检查规则	900 000.00
王军	人民币	正常检查	销售订单检查规则	900 000.00
张涛	人民币	正常检查	销售订单检查规则	900 000.00

信用特批权限实验数据如表6-7所示。

表6-7　信用特批权限实验数据

授信组织	销售公司	币别	人民币
特批人	王军	允许特批额度	200 000.00
特批密码	000000	确认密码	000000

操作指导

1. 启用信用管理和参数设置

系统管理员administrator登录金蝶K/3 Cloud主界面，执行【基础管理】—【公共设置】—【参数设置】—【参数设置】命令，打开参数设置页面，选择供应链模块里面的信用管理系统，按照表6-1中的实验数据启用信用管理并进行系统的参数设置，设置成功后的页面如图6-2所示。

图6-2　启用信用管理和参数设置

2. 设置信用检查规则

信息管理员李伟登录金蝶K/3 Cloud主界面，执行【供应链】—【信用管理】—【信用政策】—【信用检查规则】命令，打开信用检查规则置页面。单击【新增行】按钮，录入表6-2信用检查规则实验数据，设置后的信用检查规则如图6-3所示。

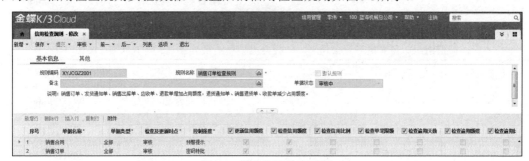

图6-3　设置信用检查规则

3. 建立信用档案

销售公司根据客户大宇机械的信用状况，经过讨论研究决定按照表6-3中的实验数据给客户大宇机械建立信用档案，以便后续业务能顺利展开。

信息管理员李伟登录金蝶K/3 Cloud主界面，执行【供应链】—【信用管理】—【信用授予】—【信用档案】命令，打开信用档案页面，按照表6-3中的实验数据建立大宇机械客户信用档案，如图6-4所示。

图6-4　信用档案(授信组织：销售公司　授信类型：客户　控制范围：组织)

按照同样的方法，根据表6-4～表6-6的实验数据分别建立客户、销售员的信用档案，如图6-5～图6-7所示。

图6-5　信用档案(授信组织：蓝海机械总公司　授信类型：客户　控制范围：集团)

图6-6 信用档案(授信组织：销售公司 授信类型：销售员 控制范围：组织)

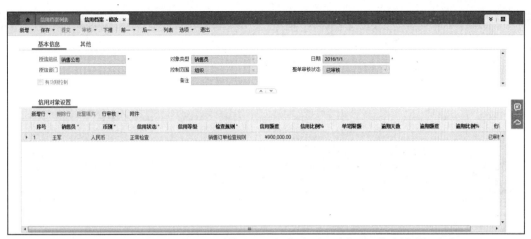

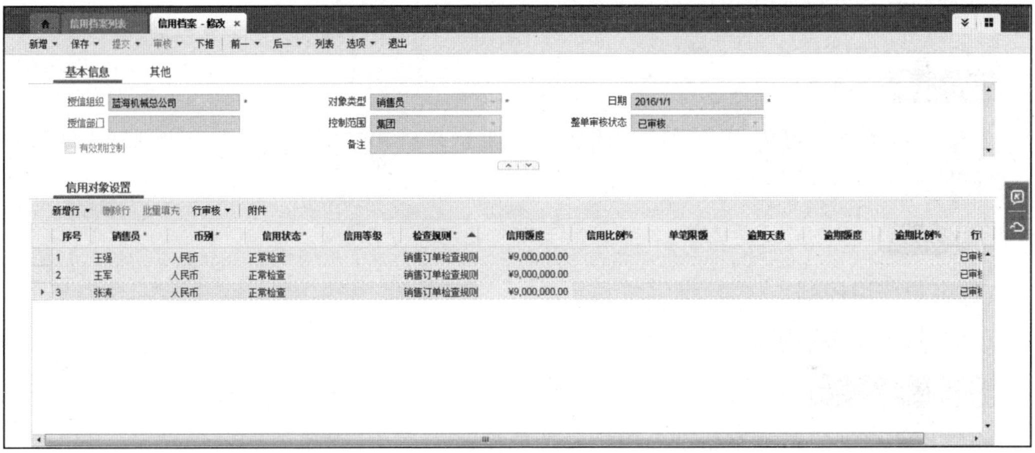

图6-7 信用档案(授信组织：蓝海机械总公司 授信类型：销售员 控制范围：集团)

4. 建立信用特批权限

信息管理员李伟登录金蝶K/3 Cloud主界面，执行【供应链】—【信用管理】—【信用授予】—【信用特批权限】命令，打开信用特批权限页面，录入表6-7中的实验数据，建立的信用特批权限如图6-8所示。

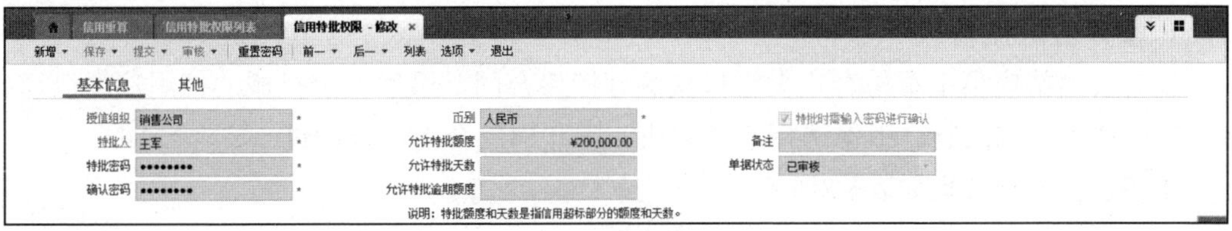

图6-8 信用特批权限

5. 信用初始化

信息管理员李伟登录金蝶K/3 Cloud主界面，把组织切换到"蓝海机械总公司"，执行【供应链】—【信用管理】—【信用管理】—【信用初始化】命令，打开信用初始化页面，单击【初始化】按钮，信用初始化如图6-9所示。

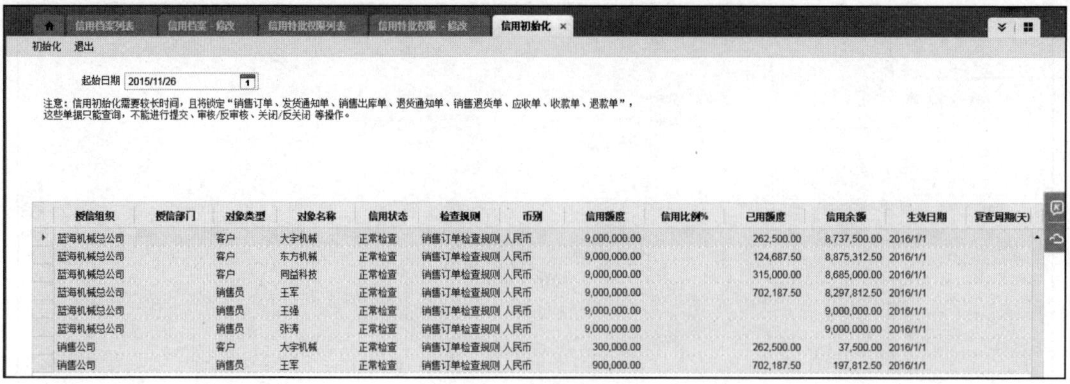

图6-9 信用初始化

实验二 信用控制

应用场景

在销售业务进行过程中,通过信用管理系统对客户和销售员进行信用控制,降低企业经营风险。

实验步骤

(1) 客户信用控制。
(2) 销售员信用控制。

操作部门及人员

由销售公司销售员王军负责信用控制的操作。
登录系统的用户名:李伟;密码:666666。

实验前准备

完成实验一。

实验数据

1. 客户信用控制

销售公司销售员王军与客户大宇机械签订销售合同,虽然大宇机械的信用额度已经超标,但公司不强制限制,王军选择继续完成,因此销售合同审核通过。

销售合同实验数据如表6-8所示。

表6-8 销售合同实验数据

合同名称	大宇机械销售合同	销售组织	销售公司
客户	大宇机械	销售部门	销售部
日期	2016/1/1	结算币别	人民币
有效起始日期	2016/1/1	物料名称	50kw柴油机

(续表)

合同名称	大宇机械销售合同	销售组织	销售公司
单位	Pcs	数量	2
单价(含税)	26 250.00	销售员	王军

2. 销售员信用控制

销售公司销售员王军收到客户东方机械的销售订单，但由于王军的信用额度超标，公司对销售订单超标进行了密码特批控制，即有权限的上级或指定人员需要进行特批，王军通过密码特批，完成销售订单的审核。

销售订单实验数据如表6-9所示。

表6-9 销售订单实验数据

单据类型	标准销售订单	销售组织	销售公司
生效日	2016/1/1	销售部门	销售部
客户	东方机械	销售	王军
业务类型	普通销售	物料名称	50kw柴油机
单位	Pcs	数量	10
单价(含税)	26 250.00	折扣	无

操作指导

1. 客户信用控制

销售公司销售员王军登录金蝶K/3 Cloud主界面，执行【供应链】—【销售管理】—【合同管理】—【销售合同】命令，打开销售合同页面，录入表6-8销售合同实验数据，单击【保存】按钮，提交并审核。由于客户大宇机械信用超标，会出现如图6-10所示的信用检查结果。

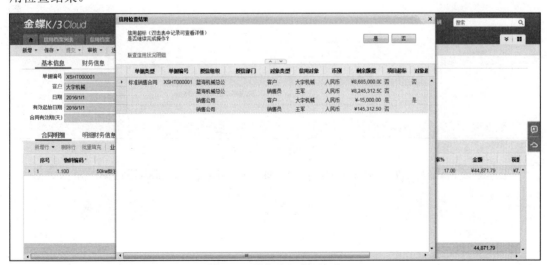

图6-10 销售合同信用超标

由于公司不强制限制，王军选择继续完成，单击【是】按钮，完成销售合同的审核，审核后的销售合同如图6-11所示。

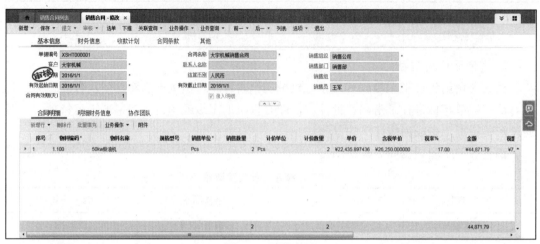

图6-11　销售合同

2. 销售员信用控制

销售公司销售员王军登录金蝶K/3 Cloud主界面，执行【供应链】—【销售管理】—【订单处理】—【销售订单】命令，打开销售订单页面，录入表6-9销售订单实验数据，单击【保存】按钮提交审核，由于销售订单信用超标，提示需要王军进行密码特批，如图6-12所示。

图6-12　销售订单信用超标

王军通过密码特批(特批密码：000000)，如图6-13所示，完成销售订单的审核。

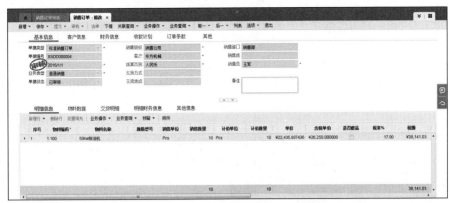

图6-13 密码特批

上述实验做完后，备份账套，备份文件名为"F蓝海机械总公司(促销管理前账套)"。

第7章 促销管理

7.1 系统概述

促销管理是基于K/3 Cloud云平台并结合行业的业务需求而开发的业务开放平台，与供应链、财务无缝集成；可以满足渠道促销，未来可扩展到电商促销、终端促销等；在促销流程上，满足企业从促销源头到结案评估整个过程的管控。

促销管理支持多种个性化模式设定，灵活制定促销政策，满足各种促销场景，K/3 Cloud促销管理支持多种促销模式，包括常用的单品买赠、组合买赠、组合买赠并打折、组合折扣、整单折扣、单品折扣、组合价格、换赠等。

促销管理是企业经常采用的营销策略，灵活采用促销手段，是企业抢占市场惯用做法。企业如何管理和执行好促销是其营销的成功关键手段之一。

7.1.1 系统基本业务流程

促销管理的流程包括了从促销活动开始的促销申请、促销执行、促销结案的完整流程，如图7-1所示。

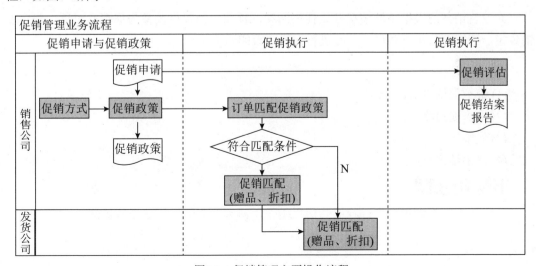

图7-1 促销管理主要操作流程

7.1.2 重点功能概述

促销管理系统主要处理促销申请、促销政策、促销执行、促销结案等业务，具体如下。

(1) 基础资料

维护企业促销管理中需要的促销类型、促销方式、促销模式等基础资料。

(2) 促销申请

促销策划人员根据营销策略制定促销预案的申请，包括促销活动内容、促销目标、促销范围等的设置。

(3) 促销政策

系统提供多销售组织、多客户范围的促销政策制定；支持折扣促销、赠品促销、特价促销等多种政策的维护，满足单品促销、组合促销、整单促销的多种应用。

(4) 促销执行

在销售组织启用促销管理后，系统提供对销售订单下单时进行促销政策的匹配及执行。

(5) 促销结案

在促销活动结束后，根据实际完成情况，通过结案报告对本次促销活动的结果、目标达成率等进行汇报总结。

7.2 实验练习

实验一 促销管理

应用场景

企业营销部门根据市场情况开始促销活动，预计促销效果及参与促销的对象，制定促销政策，销售部门在对客户下单时进行促销政策的匹配执行。

实验步骤

(1) 维护促销申请。
(2) 维护促销政策。
(3) 促销执行。
(4) 促销结案。

操作部门及人员

由营销部门促销策划员进行促销信息操作，销售制单员执行促销政策。

实验前准备

(1) 恢复前述备份账套"F蓝海机械总公司(促销管理前账套)"。
(2) 将系统时间调整为2016-1-1。
(3) 使用促销策划员。用户名分别是李伟和张涛,密码都是666666。

实验数据

(1) 启用促销管理:深圳分公司进行一次促销活动,信息管理员李伟登录系统,选择销售公司深圳分公司,在促销管理模块中的促销系统参数中启用促销管理。

(2) 促销基础数据:由集团营销部门根据集团营销模式统一制定和下发本公司的促销方式,当前使用的是系统已预置的促销方式。

(3) 销售公司深圳分公司销售张涛新增促销申请单和促销政策,设置"买柴油机送润滑油"政策,并新增销售订单匹配促销政策,月底进行促销结案。

操作指导

1. 启用促销管理

信息管理员李伟登录金蝶K/3 Cloud主控台,选择销售公司深圳分公司组织,执行【电商与分销】—【促销管理】—【参数设置】—【促销管理系统参数】命令,在打开的页面中选择组织机构为"销售公司深圳分公司",勾选"启用促销管理"选项。累计促销初始数据统计依据的取数来源为"销售出库单",促销类型、方式、模式使用系统预置,如图7-2所示。

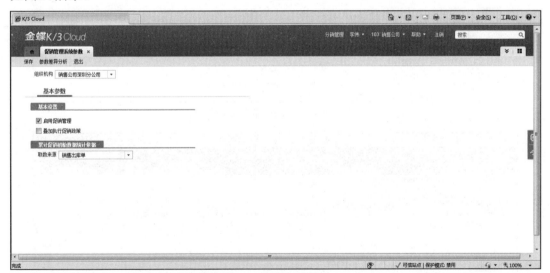

图7-2 启用促销管理

2. 新增促销申请单

由销售公司深圳分公司发起促销申请,参与促销活动的销售组织包括销售公司深圳分公司。根据预测(见表7-1),填写详细的促销申请费用以及促销效果的预计数据。

表7-1 促销申请单

编码	促销申请主题	促销申请组织	促销开始时间	客户名称	促销结束日期	参与促销组织	预计销售收入	预计费用总金额
CXSQD000001	柴油机促销活动	销售公司深圳分公司	2016/1/1	东方机械大宇机械	2016/1/31	销售公司深圳分公司	250 000	300

根据营销策略，销售公司制定下一季度的促销活动，预计促销费用、促销销量并确定促销方式。员工张涛在系统中录入促销申请，执行【电商与分销】—【促销管理】—【促销申请】—【促销申请单】命令，新增促销申请单，如图7-3～图7-5所示。

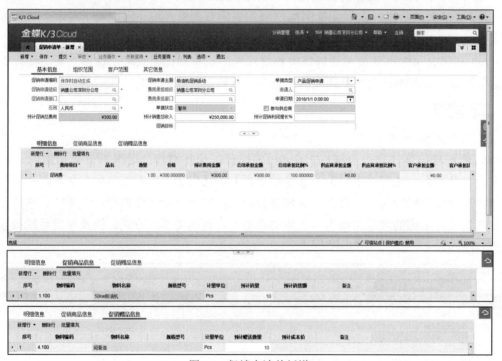

图7-3 促销申请单新增

图7-4 促销申请单新增组织范围页签

图7-5 促销申请单新增客户范围页签

3. 促销政策

销售公司深圳分公司根据已审批的促销申请，开始制定"买柴油机送润滑油"的促销政策。促销政策设定执行有效期为1个月；参与促销的销售组织为销售公司深圳分公司；参与客户为大宇机械和东方机械；促销政策的主要信息如表7-2所示。

表7-2 促销政策

编码	来自促销申请	促销模式	物料编码	物料名称	计量单位	购买数量
CXZC000001	CXSQD000001	及时奖励促销+单品买赠	1.100 4.100	50kw柴油机 润滑油	Pcs	1

在系统中按照表7-2的数据进行促销政策的录入，员工张涛登录金蝶K/3 Cloud主界面，执行【电商与分销】—【促销管理】—【促销政策】—【促销政策】命令，进行录入并提交审核，结果分别如图7-6～图7-8所示。

图7-6 新增促销政策基本信息页签

110 | 金蝶K/3 Cloud 供应链管理系统实验教程

图7-7 新增促销政策参与组织页签

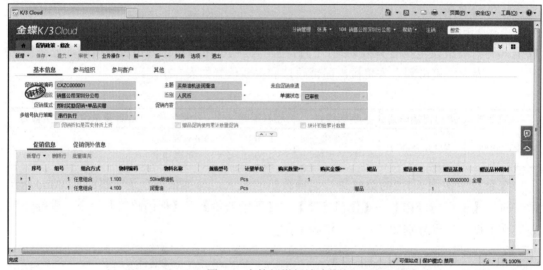

图7-8 审核新增促销政策

注意：

① 促销政策的参与组织及参与客户两个页签内容需要正确设置，本案例中参与客户为大宇机械及东方机械。

② 在参与组织页签中设置销售组织为销售公司深圳分公司，促销政策的有效期间可调整为1个月的有效范围。

4. 促销执行

销售公司深圳分公司在促销有效期间内，接到客户东方机械的销售订单，员工张涛执行【供应链】—【销售管理】—【订单处理】—【销售订单】命令，新增销售订单，订货客户为东方机械，订货产品为50kw柴油机，如图7-9所示。

填写完订单信息后，对单据进行保存。员工张涛执行【业务操作】—【促销政策匹配】命令，手工执行促销政策，操作页面如图7-10和图7-11所示。

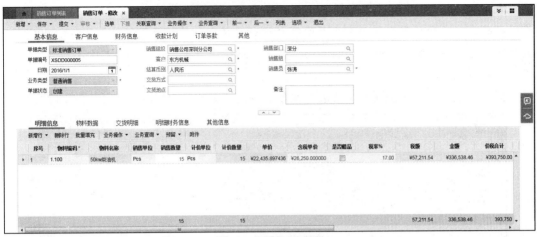

图7-9　销售订单新增

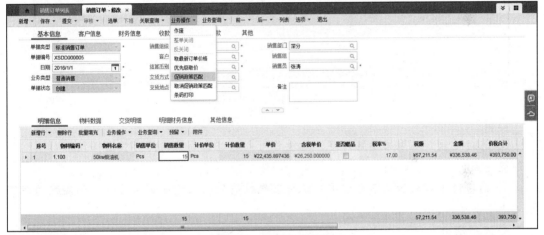

图7-10　促销政策匹配

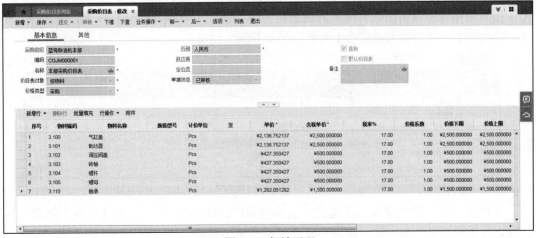

图7-11　促销匹配

注意：

点击执行促销政策后，系统会根据促销条件进行促销政策的匹配，操作人员对匹配结果进行确定，匹配结果会弹出一个新的窗口进行确认。订单符合促销政策CXZC000001，因此购买15台柴油机应赠送15kg润滑油，对匹配结果进行确定后，赠品行会自动增加到订单的最后一行分录上。

促销匹配后，对销售订单单据进行保存，并提交审核。操作页面参考如图7-12所示。

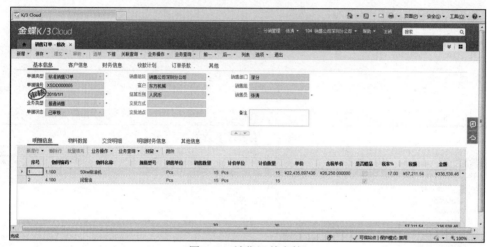

图7-12　销售订单审核

注意：

① 执行过促销政策的销售订单，后续都可以通过业务查询的"查看促销执行明细"功能进行查看。

② 销售订单审核后是不允许重新执行促销政策的，只能反审核后取消已匹配的促销政策再重新进行匹配。

5. 促销结案

促销活动结束后，通过填写促销实际结果的数据，可对促销效果进行评估和分析。员工张涛在系统中查询出需要结案的促销申请单，执行【电商与分销】—【促销管理】—【促销结案】—【促销结案报告】命令，结果如图7-13所示。

图7-13　促销结案报告

从列表中选中已结束促销活动的促销申请单CXSQD000001，单击【结案】按钮，进入促销结案报告的填写页面。根据实际的促销结果填写相应的内容，保存后即完成对促销活动的评估，如图7-14～图7-17所示。

图7-14 促销结案报告明细信息页签

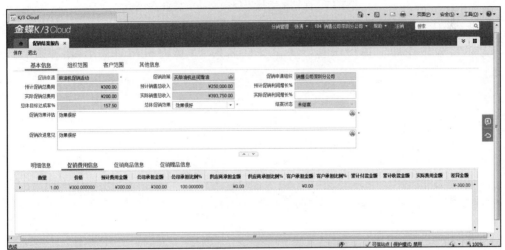

图7-15 促销结案报告促销费用信息页签

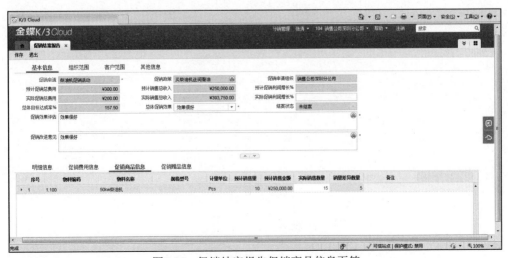

图7-16 促销结案报告促销商品信息页签

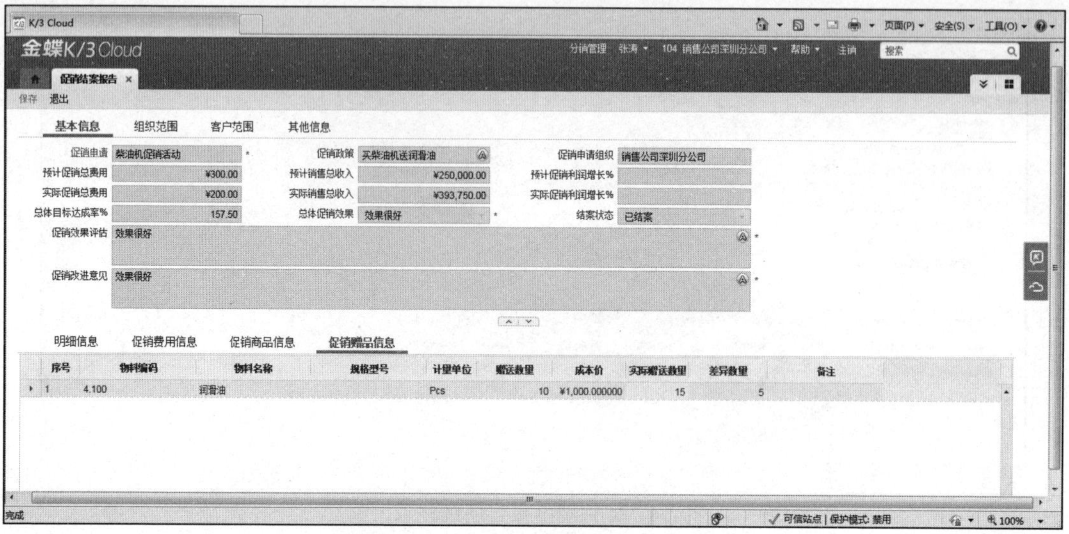

图7-17 促销结案报告促销赠品信息页签

自此,促销管理的实验完成。

上述实验做完后,备份账套,备份文件名为"F蓝海机械总公司(要补货管理前账套)"。

第 8 章　分销要补货管理

8.1 系统概述

分销是指商品从生产厂商通过销售渠道到达消费者手中的过程，销售渠道包括企业的内部渠道，也包括外部的经销商、零售商。

分销管理能实时、准确地获得各地业务数据，强化渠道库存控制及补货能力，加快商品周转，有效提高销售渠道的业务运行效率。

分销要补货管理，帮助企业内部渠道快速汇总订货需求，并根据库存及占用情况，合理配送产品到终端，同时区域中心将需求与生产计划部门对接，达到需求与计划合理的平衡，实现产需平衡。

分销要补货管理为以渠道为主要销售模式的制造企业提供了营销渠道协同应用解决方案。让企业实现渠道管理与协同，并实现企业产销业务协同，实现终端—渠道—生产环节的高效协同，提高企业对市场需求的反应速度，提高企业竞争力。

8.1.1 系统基本业务流程

分销要补货管理包括营销网络和要补货管理两大部分。渠道管理上，支持多层渠道的体系建立，并支持渠道与业务组织的对应，也支持渠道间不同网络层次的供货配送关系，帮助企业建立符合业务需求的分销渠道体系。在要补货管理上，支持渠道智能要货、智能补货计算流程，结合基础供应链、组织间结算，将销售渠道的需求与库存有效协同起来，实现需求与库存的整体平衡。要补货管理通过渠道要货、补货、配货，提供分销直接配送、购销配送、统购通配、采购直送等多种渠道协同应用解决方案，并支持企业自定义扩展，能够帮助企业降低企业整体库存水平以实现更低的销售成本。

在金蝶K/3 Cloud分销要补货系统中的主要操作流程如图8-1所示。

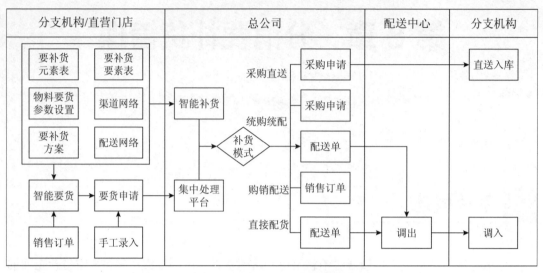

图8-1 分销要补货主要操作流程

8.1.2 重点功能概述

分销要补货主要处理渠道网络、配送网络管理、智能要货、智能补货、要货处理平台等业务，具体功能如下。

(1) 渠道网络管理。渠道是分销管理体系中关键的业务数据，确定了企业的渠道层次、渠道间的业务模式、要货流程、配送方式等关键信息。渠道管理支持渠道档案与业务组织、客户、供应商的对应，建立渠道与业务组织的对应关系，支持渠道的上下层关系，支持渠道间的直接配送、购销配送、统购通配、采购直送等多种业务模式。

(2) 配送网络管理。配送网络定义供货渠道的配送网络信息，包括要货渠道列表、供货库存组织、仓库列表，支持跨组织配送，配货时可以选择本组织的仓库，也可以选择组织的仓库。

(3) 智能要货。分销智能要货平台是渠道按要货方案自动计算要货需求并下达的平台。智能要货平台将要货渠道的需求以及本层渠道的库存、在途等信息综合计算出缺货数量，形成向供货渠道要货的需求。

通过分销智能要货平台，能够将要货渠道的需求快速传递到供货渠道。

(4) 智能补货。分销智能补货平台是供货渠道按补货方案自动计算其配送网络中所有要货渠道的需求下达补货单的平台。通常智能补货平台将各个门店的缺货需求以及门店库存、在途信息进行综合考虑，计算出缺货需求后，直接由总部向门店进行统一补货。

通过分销智能补货平台，企业能够主动掌握配送网络中各要货渠道节点的补货需求，及时进行商品配送，提高企业运作效率。

(5) 要货处理平台。分销要货处理平台是渠道处理要货渠道的统一集中处理平台。该平台渠道的库存情况，按库存进行处理或者按照采购进行处理，支持直接配送、购销配送、统购通配、采购直送四种分销业务协同处理模式。

通过分销要货处理平台，企业配送中心能够统一对各个渠道的要货需求进行处理，优化配送结构，为运作效率提供关键支撑。

8.2 实验练习

实验一 促销管理

应用场景

分销人员最基本的日常工作是进行渠道要货申请、审核、要货处理、补货处理等工作。

由信息管理员李伟新增渠道网络、维护配送网络、设置物料分销特性。

深圳分公司销售张涛在智能要货平台计算要货需求，在计算完成后选择下达要货需求，系统将自动生成要货申请单，并审核对应的要货申请单。

总装仓管张勇进入要货处理平台，进行集中处理，选择直接配送的补货模式生成配送单，销售公司销售王军收到货后审核对应的配送单。

实验步骤

(1) 渠道网络数据设置。
(2) 配送网络数据设置。
(3) 物料分销特性设置。

操作部门及人员

由分销部门的渠道管理员负责设置系统数据。

实验前准备

(1) 将系统日期调整为2016-1-1。
(2) 恢复前述备份账套"F蓝海机械总公司(要补货管理前账套)"。

实验数据

(1) 渠道数据如表8-1所示。

表8-1 渠道数据

字段	演示数据一	演示数据二	演示数据三
渠道编码	QDDA001	QDDA002	QDDA003
渠道名称	销售公司	销售公司深圳分公司	总装事业部

(续表)

字段	演示数据一	演示数据二	演示数据三
对应组织	销售公司	销售公司深圳分公司	总装事业部
对应客户	销售公司	销售公司深圳分公司	总装事业部
对应供应商	销售公司		总装事业部

(2) 渠道仓库信息如表8-2所示。

表8-2 渠道仓库信息

字段	演示数据一	演示数据二	演示数据三
渠道名称	销售公司	销售公司深圳分公司	总装事业部
库存组织	销售公司 总装事业部	销售公司 销售公司深圳分公司	总装事业部
仓库编码	CK002 CK001	CK002 CK001	CK002
仓库名称	总装成品仓 销售成品仓	销售客户仓 深分成品仓	总装成品仓
是否参加与DRP运算	是	是	是

(3) 配送网络信息如表8-3所示。

表8-3 配送网络

字段	演示数据
渠道	总装事业部
要货渠道	销售公司 销售公司深圳分公司
对应客户	销售公司 销售公司深圳分公司
供货组织	总装事业部
供货仓库	总装成品仓

(4) 分销物料特性如表8-4所示。

表8-4 分销物料特性

字段	演示数据一	演示数据二
使用组织	销售公司深圳分公司	销售公司深圳分公司
物料编码	1.100	4.100
物料名称	50kw柴油机	润滑油
库存单位	Pcs	Pcs
最大库存	20	20
安全库存	5	5
再补货点	2	2
运输提前期	7	7

(续表)

字段	演示数据一	演示数据二
要补货周期	5	5
要补货方案	按需补货(默认)	按需补货(默认)
补货模式	直接配送	直接配送
销售单位	Pcs	Pcs
日平局销量	1	1
要补货批量	5	5
最小批量	5	5
最大批量	20	20

【操作指导】

1. 渠道网络数据设置

信息管理员李伟登录金蝶K/3 Cloud主控台。在系统主界面，销售公司组织下执行【电商与分销】—【营销网络】—【渠道网络】命令，按表8-1和表8-2的信息新增渠道网络并提交审核，如图8-2～图8-4所示。

图8-2　渠道网络

图8-3　新增渠道网络基本信息(销售公司)

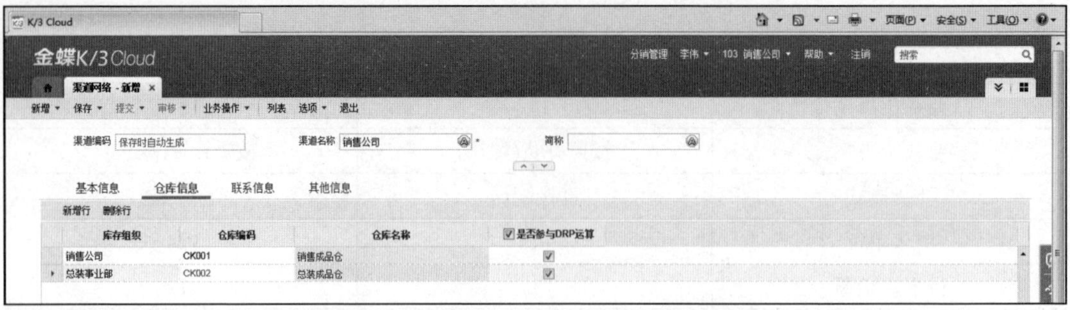

图8-4 新增渠道网络仓库信息(销售公司)

在销售公司深圳分公司组织下执行【电商与分销】—【营销网络】—【渠道网络】命令，按照表8-1和表8-2的信息新增渠道网络并提交审核，如图8-5和图8-6所示。

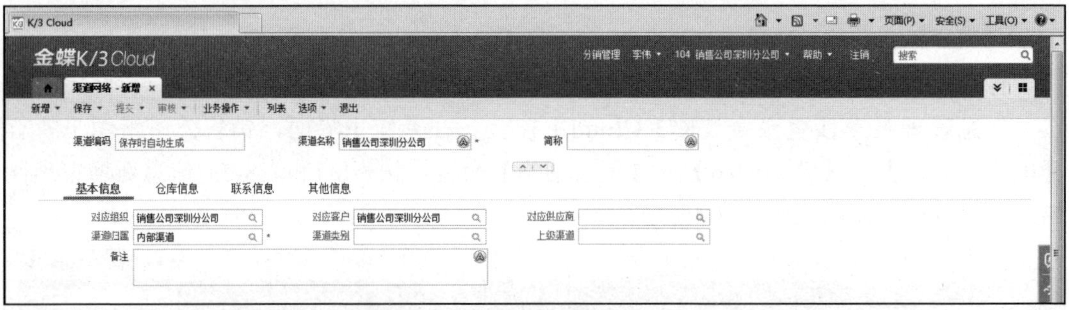

图8-5 新增渠道网络基本信息(销售公司深圳分公司)

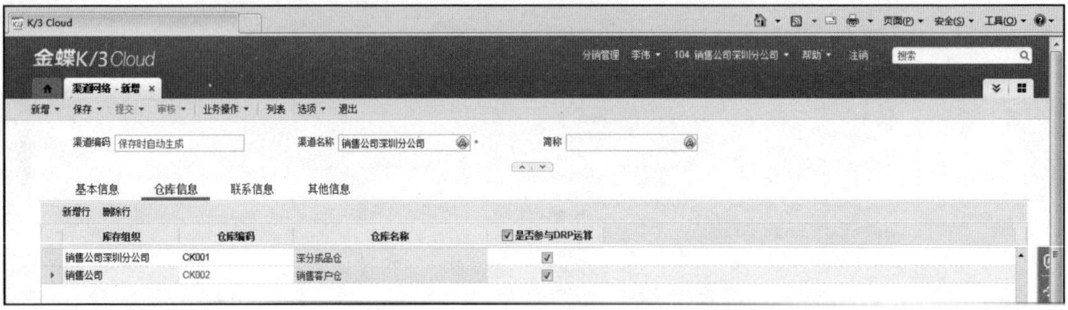

图8-6 新增渠道网络仓库信息(销售公司深圳分公司)

在总装事业部组织下执行【电商与分销】—【营销网络】—【渠道网络】命令，按照表8-1和表8-2的信息，新增渠道网络并提交审核，如图8-7和图8-8所示。

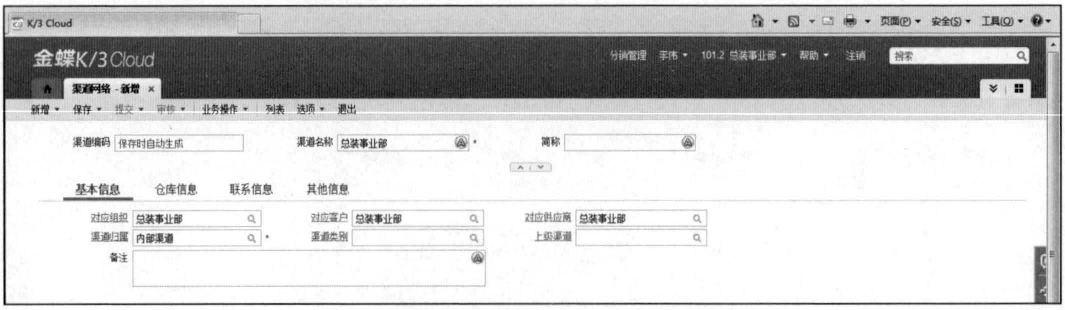

图8-7 新增渠道网络基本信息(总装事业部)

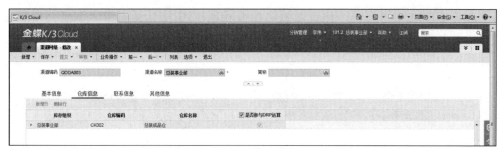

图8-8 新增渠道网络仓库信息(总装事业部)

查看渠道网络列表，检查是否已经按照表8-1和表8-2的实验数据录入渠道网络数据。具体方法是执行【电商与分销】—【营销网络】—【分销网络】—【渠道网络列表】命令进行查看，如图8-9所示。

图8-9 渠道网络列表

2. 配送网络设置

渠道配置完成后，按照表8-3的信息设置配送渠道的网络信息，公司的配送方式是各分公司要货均由总装事业部进行配送。在系统主界面，执行【电商与分销】—【营销网络】—【分销网络】—【配送网络】命令。单击【新增】按钮，保存并提交审核，如图8-10和图8-11所示。

图8-10 配送网络配送关系

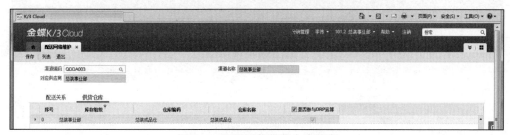

图8-11 配送网络供货仓库信息

要想查看配送网络列表，检查是否已经按照表8-3中实验数据录入渠道网络数据可执行【电商与分销】—【营销网络】—【分销网络】—【配送网络列表】命令进行查看，如图8-12所示。

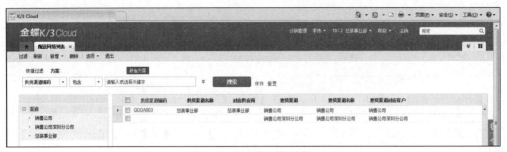

图8-12　配送网络列表

3. 分销物料特性设置

信息管理员李伟登录金蝶K/3 Cloud主界面，在系统主界面，执行【电商与分销】—【要补货管理】—【基础资料】—【物料分销特性】命令，选中物料"1.100"50kw柴油机和"4.100"润滑油记录，单击【维护】按钮，按照表8-4的实验数据录入"销售公司深圳分公司"的数据，如图8-13和图8-14所示。

图8-13　物料分销特性详情

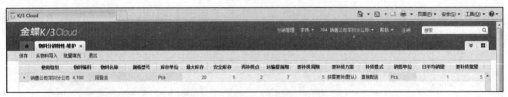

图8-14　物料分销特性详情

要想查看分销物料特性列表，检查是否按照表8-4的实验数据维护分销物料特性，可执行【电商与分销】—【要补货管理】—【基础资料】—【物料分销特性】命令进行查看，如图8-15所示。

图8-15　物料分销特性列表

实验二 要货管理

应用场景

分销业务中,门店或渠道经常会处理商品的需求缺口,向上级或者补货渠道进行要货。渠道要货考虑的因素是多方面的,诸如对本渠道的现有库存、在途商品数据、运输周期、补货方式等因素进行综合考虑,计算出商品的现有需求,统一进行补货申请。

K/3 Cloud要补货管理模块通过智能要货功能,由渠道按照预先定义的要货方案自动计算要货需求,将渠道的要货需求快速传递到供货端。

实验步骤

(1) 渠道要货需求智能计算。
(2) 渠道要货下达。

操作部门及人员

由销售公司深圳分公司的渠道业务员负责进行业务操作。

实验前准备

接着实验一继续练习。

操作指导

1. 渠道要货需求智能计算

以张涛身份登录系统,选择组织为"销售公司深圳分公司",收到客户的销售订单后,张涛运行智能要货平台,可根据物料的默认要货方案计算出本渠道要货需求。在系统主界面,执行【电商与分销】—【要补货管理】—【要货管理】—【智能要货】命令,如图8-16所示。

图8-16 智能要货

智能要货列表下，选中"4.100"润滑油和"1.100"50kw柴油机，单击【计算要货需求】按钮，在打开的对话框中录入数据，如图8-17所示。

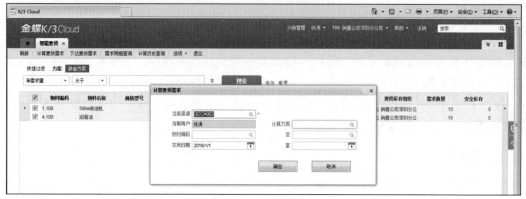

图8-17　要货计量录入条件

单击【确定】按钮进行要货计算，结果如图8-18所示。

图8-18　要货计算结果

2. 渠道要货下达

在要货计算结果页面，员工张涛选中要货记录，单击【下达要货需求】按钮，确认下达信息后，单击【下达】按钮进行要货申请下达，结果如图8-19和图8-20所示。

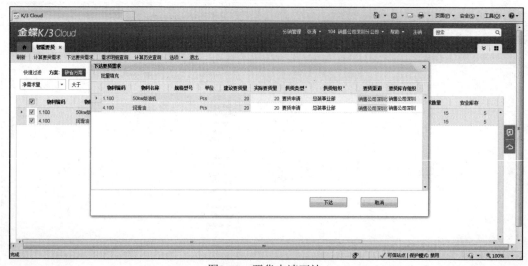

图8-19　要货申请下达

图8-20　处理结果查询

3. 要货申请单审核

在系统主界面，员工张涛执行【电商与分销】—【要补货管理】—【要货管理】—【智能要货】命令，打开要货申请列表，确认要货信息无误，提交并审核要货申请单据，如图8-21所示。

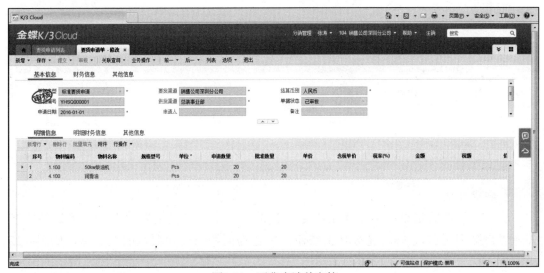

图8-21　要货申请单审核

实验三　要货集中处理

应用场景

供货渠道收到要货渠道的要货申请后，在要货平台集中处理要货申请单，并配送给要货渠道。销售公司的销售订单审核后，由仓库人员进行发货处理。分销的购销配送业务中,供货渠道销售发货后,要货渠道会进行收货入库处理。

实验步骤

(1) 要货平台集中处理。
(2) 渠道发货通知。
(3) 渠道出库操作。
(4) 渠道收货入库。

操作部门及人员

由分销部门的渠道管理员负责集中处理数据;由分销部门的渠道管理员负责渠道发货、出库操作;由深圳销售公司的渠道业务员负责进行入库业务操作。

实验前准备

接着实验=继续练习。

操作指导

1. 要货申请

总装仓管张勇登录系统,在系统主界面,执行【电商与分销】—【要补货管理】—【要货处理中心】—【要货处理平台】命令,系统显示需要处理的要货渠道的申请单,如图8-22所示。

图8-22 要货处理平台

2. 要货处理

选中要处理的记录,单击【集中处理】按钮,将"实供量"改为20,确认补货模式为"直接配送",单击【处理】按钮,下达为向销售公司要货的配送单,如图8-23所示。

3. 配送单列表

在系统主界面,执行【电商与分销】—【要补货管理】—【要货处理中心】—【配送单列表】命令,系统显示需要处理的配送单,调入仓库录入"深分成品仓"和调出仓库录入"总装成品仓",单击【保存】按钮,提交并审核,如图8-24所示。

图8-23 要货集中处理

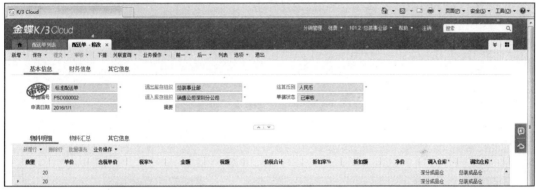

图8-24 配送单

自此,分销要补货管理的实验完成。

上述实验做完后,备份账套,备份文件名为"F蓝海机械总公司(返利管理前账套).bak"。

第 9 章 返利管理

9.1 系统概述

返利是销售政策中的重要内容。为激励经销商,企业制定返利奖励政策,通过返利来调动经销商的积极性。企业根据一定的评判标准,以现金或实物的形式对经销商进行奖励,但进行销售返利处理后,将降低企业的销售收入,也会降低销售利润。

返利管理模块支持经销商/大客户的年度、月度、季度返利管理以及自定义周期返利管理。系统根据返利政策和销售数据,进行返利计算,形成客户的返利结算数据。客户返利结算支持冲账、返现、返物。

9.1.1 返利管理基本业务流程

金蝶K/3 Cloud返利管理的流程中包括了返利政策、返利计算、返利结算的完整流程,主要操作流程如图9-1所示。

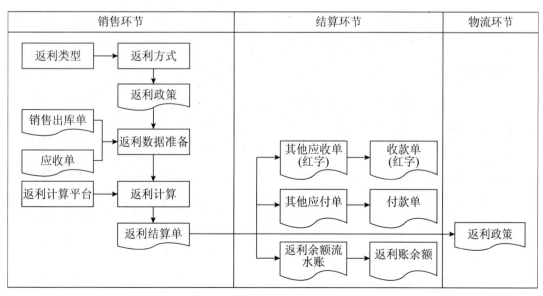

图9-1 返利管理主要操作流程

9.1.2 重点功能概述

返利管理主要包括返利政策、返利计算、返利结算三大部分，具体功能如下。

(1) 返利类型。返利类型依据返利渠道环节，按返利类型进行归类定义，系统预置为直接售后返利、终端售后返利，用户还可以根据企业的需要自定义其他返利类型。

(2) 返利方式。依据返利的返还方式，对返利方式进行归类定义，分为按年度或月度返利、按购买数量或金额返利等多种方式。返利依据可以是销售出库单或是应收单，用户还可以根据企业的需要自定义其他返利方式。

(3) 返利模式。返利模式由返利类别和返利方式组合完成，系统预设了四种返利模式，用户还可以根据企业的需要自定义其他模式。

(4) 返利政策。返利政策是返利的核心，是返利计算和返利结算的依据，并按促销模式建立促销政策。

(5) 返利数据准备。根据返利政策及返利周期进行返利数据准备，数据来源为销售出库单或是应收单，对返利数据可以进行调整核查，作为返利计算的数据来源。

(6) 返利计算平台。返利计算平台是根据返利政策、返利周期依据返利数据进行返利计算，并对符合返利条件的客户进行返利计算，生成相应的返利结算单。

(7) 返利计算单。根据返利结算单，按返利的返还方式生成其他应收单或其他应付单、其他出库单或是更新到客户的返利账户余额。

9.2 实验练习

实验一 返利管理

应用场景

销售公司组织市场活动对一月份批量购买的客户进行返利处理。

实验步骤。

(1) 返利设置。
(2) 返利确认。
(3) 应收处理。

操作部门及人员

由分销部门的渠道管理员负责设置系统数据。

实验前准备

(1) 将系统日期调整为2016-1-1。
(2) 恢复前述备份账套"F蓝海机械总公司(返利管理前账套)"。

操作指导

1. 新增返利周期

信息管理员李伟登录金蝶K/3 Cloud主控台,执行【电商与分销】—【返利管理】—【返利周期】命令,设置名称为2016年1月,设置开始日期2016-1-1,结束日期为2016-1-31,单击工具栏上的【保存】按钮,如图9-2所示。

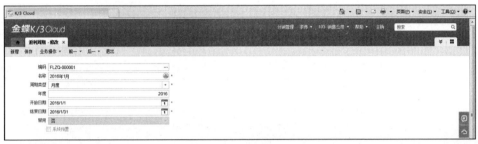

图9-2 返利周期新增

2. 返利政策新增

销售公司新增返利政策,开始制定批量购买返利政策。返利政策周期类型按月度进行;参与促销的销售组织为销售公司;参与客户为客户大宇机械、东方机械和同益科技,返利政策主要信息如表9-1所示。

表9-1 返利政策

编码	返利累进方式	返利模式	购买金额	参与组织	参与客户	返利率/%
FLZC000001	金额累进	月度返利—按购买金额返利	50 000	销售分公司	大宇机械 东方机械 同益科技	5

信息管理员李伟登录金蝶K/3 Cloud主界面,选择销售组织为"销售公司",执行【电商与分销】—【返利管理】—【返利政策】—【返利政策】命令,新增返利政策并提交审核,如图9-3~图9-5所示。

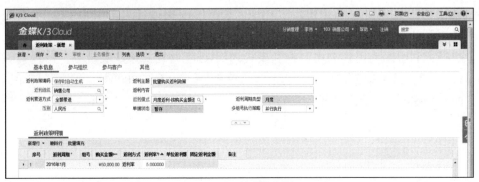

图9-3 返利政策新增

图9-4 返利政策参与组织新增

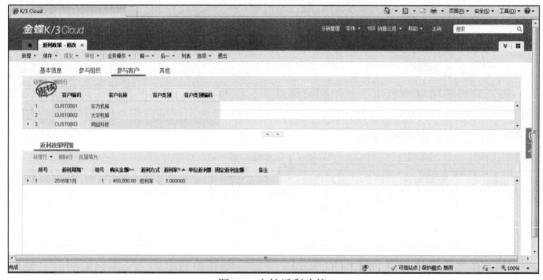

图9-5 审核返利政策

3. 返利确认

销售公司销售王军登录金蝶K/3 Cloud主控台，执行【电商与分销】—【返利管理】—【返利计算】—【销售数据准备】命令，新增返利数据准备，单击【统计生成】按钮，选择返利组织为销售公司，返利模式为"月度返利—按购买金额"，返利周期为2016年1月，单击【查询】按钮后，选中返利政策编码为FLZC000001，单击【统计生成】按钮，如图9-6和图9-7所示。

图9-6 返利计算之返利政策选择

图9-7 销售数据准备

4.返利计算平台

销售公司销售王军登录金蝶K/3 Cloud主控台,销售公司组织下执行【电商与分销】—【返利管理】—【返利计算】—【返利计算平台】命令,选择返利组织为销售公司,返利模式为月度返利—按购买金额返点,返利周期为2016年1月,单击【查询】按钮后,选中返利政策编码为FLZC000001,单击【下一步】按钮,进行返利销售数据准备,如图9-8所示。

图9-8 返利政策选择

单击【下一步】按钮,进行返利计算,如图9-9所示。计算后单击【下一步】按钮进入返利结果确认,单击【完成】按钮完成。

图9-9 返利计算

5. 返利结算

销售公司销售王军登录金蝶K/3 Cloud主控台，销售公司组织下执行【电商与分销】—【返利管理】—【返利计算】—【返利结算列表】命令，在前面一节返利计算完成后，可进入返利结算单列表查看返利结果，并进行确认，如图9-10所示。

图9-10 返利结算单列表

进入返利结算列表后，双击单据编号为FLS000001的单据，填写费用项目编号为市场活动费，如图9-11所示。

图9-11 选择费用项目

6. 应收确认

销售公司财务王艳登录金蝶K/3 Cloud主控台，销售组织下执行【电商与分销】—【返利管理】—【返利计算】—【返利计算平台】命令，查看返利结算单，单击【结算】按钮，生成其他应收单，如图9-12所示。

系统自动生成三张其他应收单，选择费用承担部门为销售部，单击【生成全部】按钮后提交全部，并将三张其他应收单一一进行审核，如图9-13所示。

销售公司财务王艳登录金蝶K/3 Cloud主控台，销售组织下执行【财务会计】—【应收款管理】—【其他应收】—【其他应收列表】命令，查看生成的其他应收单，如图9-14所示。

第9章 返利管理 | 135

图9-12 选择单据

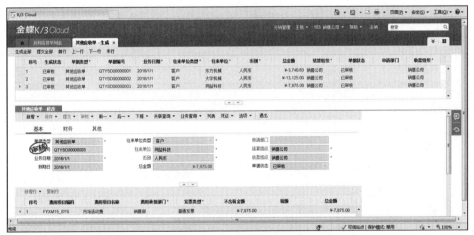

图9-13 其他应收单生成

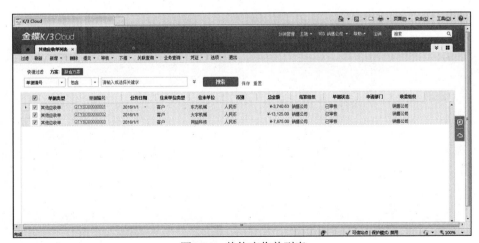

图9-14 其他应收单列表

自此，返利管理的实验完成。

上述实验做完后，备份账套，备份文件名为"F蓝海机械总公司(供应商协同前账套)"。

第 10 章 供应商协同

10.1 系统概述

经济减速常态化与企业竞争全球化,迫使供应链上下游企业之间的关系从各自为营到抱团取暖,彼此信任、彼此支持、携手共进。企业对供应商的获利方式从榨取绝对剩余价值转变为获取相对剩余价值,通过紧密合作以改进产品和开拓市场,创造额外利润。因此,企业的角色也从"猎人"转变为"牧人",从把幸福建立在供应商的痛苦之上转变为合作共创新价值,共同做大并共享"蛋糕"。

供应商协同平台是企业与供应商之间进行业务协同的基础系统。企业可以在此平台上建立自身的供应链体系,实现供需双方的在线业务协同。供应商协同平台的总体目标是充分整合供应链资源,帮助供需双方进行实时高效的业务协同,不断提高供应链的竞争力。

10.1.1 供应商协同基本业务流程

供应商协同模块的主要流程包括询价、报价、比价、订单协同、交货协同、库存协同、信息协同等,具体流程如图10-1所示。

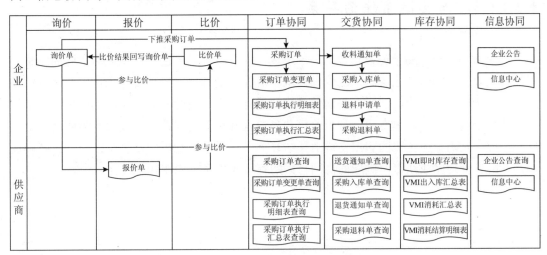

图10-1 供应商协同操作流程

10.1.2 重点功能概述

供应商协同主要实现以下协同业务。

(1) 寻源协同。采购寻源方式主要有询报价、招投标、在线竞价等三种方式，其中询报价是一种较常见的寻源方式。供应商协同系统支持询报价的寻源方式。其中，寻源管理包括询价、报价、比价。

(2) 订单协同。采购订单是企业与供应商之间最重要的业务协同媒介，订单协同是企业与供应商之间最重要的业务协同。订单协同的主要功能包括采购订单协同、采购订单变更协同、采购订单执行情况查询等。通过订单协同供应商可以查看订单确认情况、变更情况以及执行情况，从而减少沟通成本，提高效率。

(3) 交货协同。在供应链运作过程中，及时准确的交货对于保障供应链的效率起到至关重要的作用。企业制订交货计划，供应商及时知悉交货计划，并按照交货计划进行交货。交货管理包括正向的交货管理和逆向的退货管理。交货协同主要功能包括发货通知单、采购入库单、退货通知单和采购退料单等。

(4) 库存协同。在VMI模式下，供应商需要及时查询VMI物料的库存情况和出入库情况，以便进行快速有效的补货。供应商还需要查询VMI物料的消耗及结算情况，以便进行财务核算和对账。库存协同主要功能包括VMI即时库存查询、VMI出入库汇总表、VMI消耗汇总表、VMI消耗结算明细表等。

(5) 信息协同。在企业与供应商的业务协同过程中，如询报价、订单确认与变更、交货协同、财务结算等，都会产生大量的消息，这些消息可以集中在供应商的信息中心进行查询和处理，提高业务处理的及时性。此外，企业可以在供应商协同平台上发布公告，供应商通过协同平台在线查询，加强双方的信息共享。信息协同主要功能包括企业公告发布、企业公告查询、企业的信息中心管理和供应商的信息中心管理。

10.1.3 与其他系统的关系

供应商协同与采购管理模块数据高度集成，业务流程紧密衔接。供应商协同的完整应用需要依赖于采购管理模块。采购管理模块生成的采购订单审核后发布到供应商平台，经供应商确认后执行交货，然后在采购管理模块进行收货、检验入库，共同完成采购订单的完整业务流程。采购订单变更、询报价等业务流程都是通过采购管理模块和供应商平台共同完成的。VMI业务生成的VMI物料消耗结算单审核后发布到供应商平台，经供应商确认后，在财务管理完成结算。供应商协同与采购管理的关系，如图10-2所示。

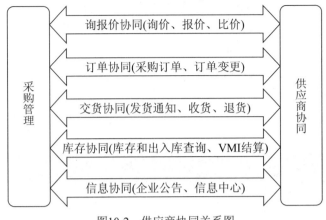

图10-2 供应商协同关系图

10.2 实验练习

实验一 供应商协同设置

应用场景

掌握供应商协同的设置方法。

实验步骤

(1) 启用供应商协同平台。
(2) 设置供应商管理员。
(3) 设置供应商用户。

操作部门及人员

由administrator(密码：888888)登录启用供应商协同平台及设置供应商管理员。
由信息管理员李伟(密码：666666)登录进行供应商用户的设置。

实验前准备

(1) 将系统日期调整为2016-1-1。
(2) 恢复前述备份账套"F蓝海机械集团(供应商协同前账套)"。

实验数据

无。

操作指导

1. 启用供应商协同平台

供应商协同参数属于数据中心级参数，需要登录系统管理界面进行设置。以

administrator身份登录K/3 Cloud，执行【基础管理】-【公共设置】-【参数设置】-【参数设置】命令，进入参数设置界面，执行【供应链】-【采购管理】命令，进入采购管理的参数设置界面，选择【供应商协同】页签，进入供应商协同参数设置页面，勾选"启用供应商协同平台"，选择服务器及站点名称，输入虚拟目录。本案例中，虚拟目录输入"scp"，单击【保存】按钮保存，如图10-3所示。其中访问地址示例中的地址为供应商用户登录供应商协同平台所使用的网址，本案例为"http://KINGDEEPC/SCP/SCP/Default.aspx"。

图10-3 参数设置

2. 设置供应商管理员

以administrator身份登录K/3 Cloud，执行【系统管理】-【系统管理】-【用户管理】-【查询用户】命令，进入查询用户界面，选择用户"张杰"，进入用户-修改界面。在角色字表中选择"新增行"，选择角色编码为"SCM15_SYS"的角色，角色名为"供应商管理员"，单击【保存】按钮保存，如图10-4所示。

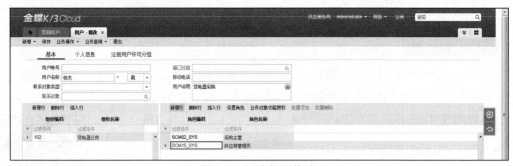

图10-4 用户权限修改

注意：

本案例中，在业务初始化阶段由李伟进行供应商用户的设置。在日常业务处理阶段，需要由采购员来进行供应商协同平台的信息维护，包括设置供应商用户、发布公告等，因此需要为特定用户设置授权，赋予供应商管理员的角色。本案例是赋予变电器采购张杰为供应商管理员角色。

3. 设置供应商用户

(1) 供应商启用供应商协同

以信息管理员李伟身份登录K/3 Cloud，执行【基础管理】—【基础资料】—【主数据】—【供应商列表】命令，进入供应商列表界面。选择供应商"明锐五金"，进入供应商-修改界面。选择【商务信息】页签，勾选"启用供应商协同"，单击【保存】按钮，如图10-5所示。参考上述操作，为供应商"美华公司"启用供应商协同。

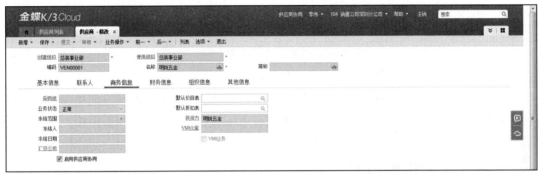

图10-5 供应商信息修改

(2) 设置供应商用户

为"明锐五金"以及"美华公司"设置供应商用户，设置好的供应商用户需通过供应商协同的访问地址进行登录。信息管理员李伟登录系统，切换组织到"蓝海机械总公司"，执行【供应链】—【采购管理】—【基础资料】—【供应商用户】命令，进入供应商用户界面。单击【新增】按钮，进入用户-新增界面。选择供应商"明锐五金"，输入用户名"明锐五金"，选择角色编码为"SCM16_SYS"的角色，角色名称为"供应商业务员"，单击【保存】按钮，如图10-6所示。

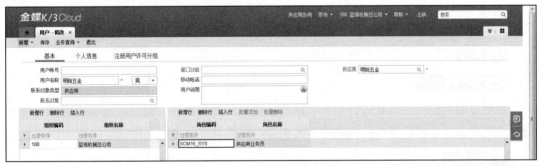

图10-6 供应商用户新增

参考上述操作，设置用户名称为"美华公司"，对应供应商为"美华公司"的供应商用户。返回供应商用户界面，单击【刷新】按钮，可以看到包括所有供应商用户的列表。

勾选用户"明锐五金"，执行【密码策略】—【重置密码】命令，进入重置用户密码-修改界面，输入新密码，如图10-7所示。参考上述操作，将用户"美华公司"的密码进行重置操作。本案例中，将密码重置为666666。

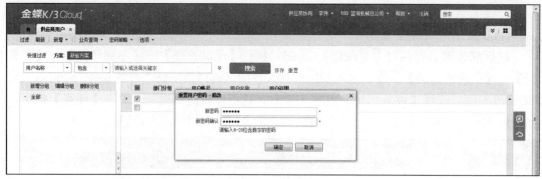

图10-7　密码重置

注意：

供应商用户为供应商登录到供应商协同平台的用户，需要由企业统一创建和管理。供应商用户必须与某个具体的供应商绑定，系统将严格按照供应商进行数据隔离。

实验二　询报价协同

应用场景

询报价是一种较常见的寻源方式，包括询价、报价以及比价。本案例中，变电器公司根据采购需求对供应商进行询价，供应商根据自身的产品对变电器公司进行报价，变电器公司根据报价单的价格，选择较低的价格进行采购。

实验步骤

(1) 企业询价。
(2) 供应商报价。
(3) 企业比价。
(4) 生成订单。

操作部门及人员

由变电器采购张杰登录进行询价、比价、生成订单等操作；由供应商明锐五金登录供应商协同平台进行报价操作；由供应商美华公司登录供应商协同平台进行报价操作。

实验前准备

(1) 将系统日期调整为2016-1-1。
(2) 接着实验一继续练习。

实验数据

(1) 询价单如表10-1所示。

表10-1 明锐五金报价单

采购组织	截止日期	生效日期	失效日期	物料名称	询价数量
变电器公司	2016/1/4	2016/1/1	2016/1/4	硅钢片	20
				钢架	20

(2) 明锐五金报价单如表10-2所示。

表10-2 明锐五金报价单

物料名称	报价数量	含税单价
硅钢片	20	400
钢架	20	520

(3) 美华公司报价单如表10-3所示。

表10-3 美华公司报价单

物料名称	报价数量	含税单价
硅钢片	20	420
钢架	20	510

(4) 变电器公司生成采购订单如表10-4所示。

表10-4 变电器公司采购明细表

供应商	物料名称	采购数量	含税单价
明锐五金	硅钢片	20	400
美华公司	钢架	20	510

操作指导

1. 企业询价

以张杰身份登录K/3 Cloud，执行【供应链】-【采购管理】-【寻源管理】-【询价单列表】命令，进入询价单列表界面，单击【新增】按钮，进入询价单-新增界面，根据实验数据录入信息，打开【适用供应商】页签，选择"明锐五金"以及"美华公司"两家供应商，单击【保存】按钮提交审核，如图10-8所示。

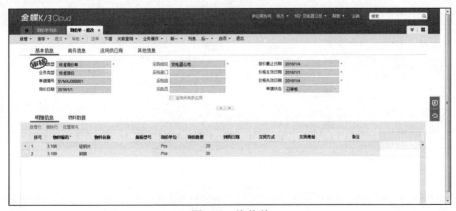

图10-8 询价单

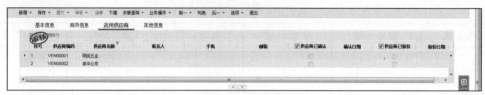

图10-8 询价单(续)

注意：

询价单是询报价流程的起点。企业手工创建询价单，或从采购申请单下推生成询价单，从而启动询报价流程。

2. 供应商报价

进入供应商协同平台的地址，以用户"明锐五金"登录供应商协同平台，执行【供应链】—【供应商协同】—【寻源协同】—【询价单列表】命令，进入询价单列表界面，查看单据编号为"SVMXJ000001"的询价单，选择下推，在选择单据界面下，选择"报价单"，单击【确定】按钮，进入报价单-新增界面，根据实验数据录入报价单信息，保存提交并审核，如图10-9所示。

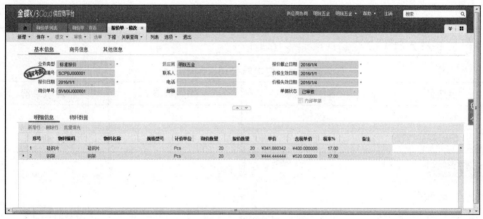

图10-9 报价单

参考上述操作，以用户"美华公司"登录供应商协同平台，对单据编号为"SVMXJ000001"的询价单下推报价单，根据实验数据录入报价单信息，如图10-10所示。

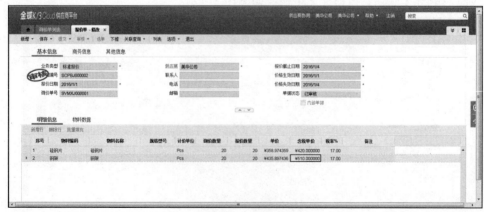

图10-10 报价单

注意：

供应商使用对应的供应商用户通过指定网址登录到供应商协同平台，具体的地址为实验一中启用供应商协同平台时访问地址示例中的地址。本案例中，供应商协同平台的地址为"http://KINGDEEPC/SCP/SCP/Default.aspx"，用户"明锐五金"和"美华公司"分别登录进行报价，下面以用户"明锐五金"登录报价为例进行说明。

3. 企业比价

以张杰身份登录K/3 Cloud，执行【供应链】—【采购管理】—【寻源管理】—【报价单列表】命令，可以查看供应商的报价，执行【供应链】—【采购管理】—【寻源管理】—【询价单列表】命令，进入询价单列表界面，选择查看单据编号为"SVMXJ000001"的询价单，单击【下推】按钮，在选择单据界面选择"比价单"，单击【确定】按钮进入比价单-新增界面，查看报价信息以及询报价结果。其中，美华公司的报价不予采纳，硅钢片的询报价结果是明锐五金的报价更新询价单；钢架的询报价结果是明锐五金的报价不予采纳，美华公司的报价更新询价单。确认后单击【保存】按钮提交审核，如图10-11所示。

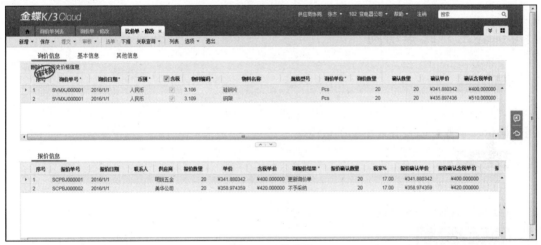

图10-11　比价单

注意：

企业根据询价单、供应商报价单和采购历史价格信息，进行对比分析，确定采纳的价格和供应商。比价单审核后，相关信息自动回写询价单和报价单。

4. 生成订单

执行【供应链】—【采购管理】—【寻源管理】—【询价单列表】命令，进入询价单列表界面，选择查看单据编号为"SVMXJ000001"的询价单。单击【下推】按钮，在选择单据界面选择"采购订单"，然后单击【确定】按钮，进入采购订单-生成界面，确认信息后，单击【生成全部】按钮，如图10-12所示。

146 | 金蝶K/3 Cloud 供应链管理系统实验教程

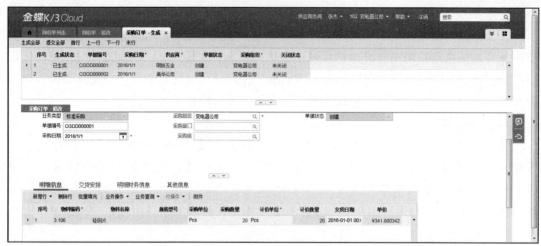

图10-12　生成订单

执行【供应链】—【采购管理】—【订单处理】—【采购订单列表】命令，进入采购订单列表界面，对刚刚新增的两条采购订单进行提交审核。

实验三　订单协同

应用场景

企业的采购订单审核后，供应商可以通过供应商协同平台，在线查询自己的订单，并进行确认。企业可以查看订单的确认情况。

实验步骤

(1) 供应商确认订单。
(2) 企业查看订单确认情况。

操作部门及人员

由供应商明锐五金登录供应商协同平台进行订单确认。
由变电器采购张杰登录查看订单确认情况。

实验前准备

接着实验二继续练习。

实验数据

无。

操作指导

1. 供应商确认订单

进入供应商协同平台的地址，以用户"明锐五金"登录供应商协同平台，执行【供应链】—【供应商协同】—【订单协同】—【采购订单列表】命令，进入采购订单列表界面。查看单据编号为"CGDD000001"的采购订单,信息确认无误后,单击【确认】按钮,在【其他信息】页签可以看到确认情况,如图10-13所示。

图10-13 确认订单

2. 企业查看订单确认情况

以张杰身份登录K/3 Cloud,执行【供应链】—【采购管理】—【订单处理】—【采购订单列表】命令,进入采购订单列表界面,选择查看单据编号为"CGDD000001"的采购订单,选择【其他】页签,可以看到供应商的确认情况,如图10-14所示。

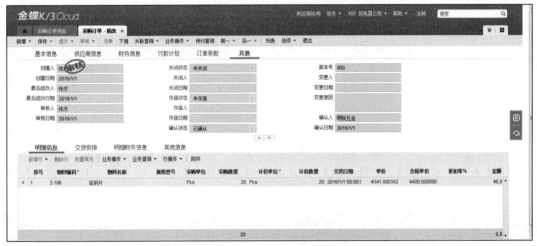

图10-14 查看订单确认

注意:
① 企业可以查看订单的确认情况,减少沟通成本,提高订单执行效率。
② 交货协同的操作方式与上述操作类似。
③ 通过确认供应商的确认情况,保证了交货的准时,保障了供应链的效率。

实验四 企业公告

应用场景

在企业与供应商的业务协同过程中,如询报价、订单确认与变更、交货协同、财务结算等,都会产生大量的消息(任务消息、监控消息、普通消息和工作流消息等)。这些消息可以集中在供应商的信息中心进行查询和处理，提高业务处理的及时性。此外，企业可以在供应商协同平台上发布公告，供应商通过协同平台在线查询，加强双方的信息共享。

实验步骤

(1) 企业发布公告。
(2) 供应商查看公告。

操作部门及人员

由变电器采购张杰登录发布公告。
由明锐五金登录供应商协同平台查看公告。

实验前准备

接着实验三继续练习。

实验数据

发布日期：2016/1/1，到期日期：2016/1/4。
主题：关于本公司元旦放假公告。
内容：本公司元旦假期定于1月1日至1月3日，请各供应商合理安排发货时间，避免假期到货，谢谢。

操作指导

1. 企业发布公告

以张杰身份登录K/3 Cloud，执行【供应链】—【采购管理】—【寻源管理】—【企业公告】命令，进入企业公告界面，单击【新增】按钮，进入企业公告-新增界面，根据实验数据录入主题及内容，单击【保存】按钮提交审核，如图10-15所示。

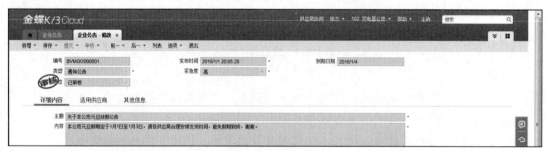

图10-15　企业公告

2. 供应商查看公告

进入供应商协同平台的地址，以用户"明锐五金"登录供应商协同平台，执行【供应链】—【供应商协同】—【信息协同】—【企业公告】命令，进入企业公告界面，查看单据编号为"SVMGG000001"的企业公告，如图10-16所示。

图10-16 查看公告

上述实验完成后,备份账套,备份文件名为"F蓝海机械总公司(采购管理前账套)"

第 11 章 采购管理

11.1 系统概述

采购是指企业在一定的条件下从供应市场获取产品或服务作为企业资源，以保证企业生产及经营活动正常开展的一项企业经营活动。K/3 Cloud采购管理系统是通过采购申请、采购订货、进料检验、仓库收料、采购退货、采购货源管理、订单管理等功能综合运用的管理系统，对采购商流和物流的全过程进行有效控制与跟踪，实现完善的企业物资供应管理。采购管理系统与销售管理系统、库存管理系统集成，共同构造了企业内部供应链。采购管理系统与计划管理系统、生产管理系统集成建立产供销一体化，有效平衡了供应和需求。采购管理系统与应付管理系统、资金管理系统集成，形成采购与应付循环，有力支撑了业务财务一体化。

11.1.1 采购管理系统基本业务流程

一个完整的采购管理流程，通常包括以下六个环节。

采购申请—采购订货—来料检验—采购入库—业务应付—财务付款

(1) 采购申请、采购订货、采购入库在采购管理系统中完成。
(2) 来料检验在质量管理系统完成。
(3) 业务应付、财务付款在财务管理系统中完成。
图11-1列示了采购管理在金蝶K/3 Cloud采购管理系统中的主要操作流程。

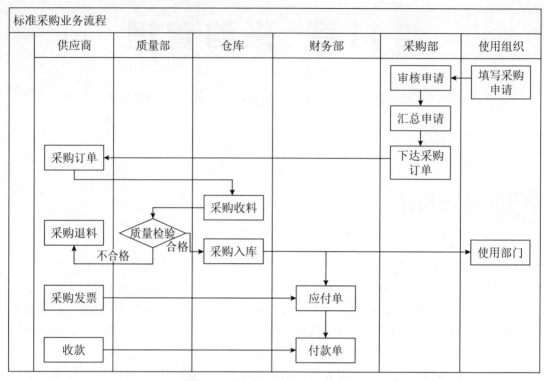

图11-1 采购管理系统主要操作流程

11.1.2 重点功能概述

采购管理系统主要业务包括下单、收料、退料三大部分。采购业务是采购部门通过运用价目表、折扣表、货源清单等基础资料，结合计划、仓库、质检、财务等部门进行采购下单、材料收料入库并最终结算的业务。采购过程中，可以结合货源管理、配额计算、价格管理、保质期管理等功能对采购全过程进行有效控制和跟踪，实现企业的采购管理。

1. 采购基础

采购基础分为以下两部分。

(1) 采购参数。在货源、数量、价格等方面设定采购规则。采购参数设置后可以修改，以参数修改时间为时间点，只影响参数修改后的业务。

(2) 采购价格。价格管理是采购管理中的核心之一，系统可以通过价目表、调价表、折扣表等基础资料配合限价，税率配置等功能来管理采购价格，从而达到管控成本的效果。其中，限价管理有四个强度：禁止交易、预警提示、不予控制以及密码特批。

2. 货源管理及配额下单

货源清单是企业规范采购货源而采取的一种管理策略，它有三个目的。

(1) 作为物料采购的依据,通过供应商资格认证和材料认证建立货源清单,企业的采购业务必须按照货源清单进行,避免采购人员的随意采购。

(2) 作为物料采购的主要货源,通过采购业务建立供应商和物料的关系,记录供应商和企业的采购历史,为后续的物料采购提供来源。

(3) 在货源订单上指定物料的配额相关信息,用于配额下单的处理。

配额下单是指系统自动根据配额分配采购数量给不同供应商,可以保证不同供应商之间的平等竞争,最大限度地减少采购员操控采购数量的风险。

3. 跨组织集中采购

集团企业采购过程中,为了追求规模化效益,降低成本,往往倾向于将全集团的采购集中起来一起进行。同时,在完整的采购业务链条中,不同的组织往往对外分别负责下单、收货、结算等不同环节。符合这两种特征的采购就是跨组织集中采购。

4. 采购退料

企业收到供应商的货如果检验不合格,那么需要退给供应商,退料单就是用来记录退料信息的一种单据,记录了退货方、供应商、退货时间、退货地点以及退货关联的后续业务行为等信息。退料分为两种类型:检验退料、库存退料。前者物料没有入库,物权没有发生转移,不需要产生财务数据。后者已经入库再退料,退料时物权已经发生了转移,需要产生相应的财务数据。

5. VMI采购

VMI采购是一种特殊的采购业务,与一般采购相比,物料先使用然后再结算。K/3 Cloud支持VMI的全流程:VMI采购—VMI入库—VMI物料使用—VMI消耗汇总—物权转移—业务应付—财务付款。

▶ 11.1.3 与其他系统的关系

采购管理系统和其他系统的关系如图11-2所示。

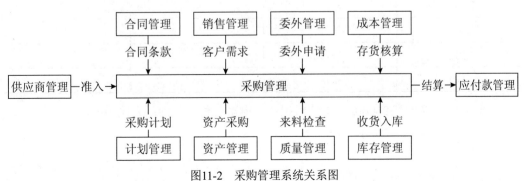

图11-2 采购管理系统关系图

11.2 实验练习

实验一 采购价格管理

应用场景

掌握采购管理系统采购价格管理的设置方法。

实验步骤

(1) 新增采购价目表。
(2) 设置调价表。
(3) 设置折扣表。

操作部门及人员

以信息管理员李伟身份登录,新增本部及变电器公司的采购价目表;变电器采购价目表通过下推或选单的方式设置调价表;本部采购价目表下推或选单方式设置折扣表。

实验前准备

恢复前述备份账套"F蓝海机械总公司(采购管理前账套)"。

实验数据

1. 采购价目表

采购价目表CGJM000001。采购组织:蓝海柴油机本部;币别:人民币;含税:勾选。采购价目表如表11-1所示。

表11-1 采购价目表CGJM000001

物料	物料名称	计价单位	单价(含税)
3.100	气缸盖	Pcs	2500
3.101	制动器	Pcs	2500
3.102	调压阀盖	Pcs	500
3.103	转轴	Pcs	500
3.104	螺杆	Pcs	500
3.105	螺母	Pcs	500
3.110	轴承	Pcs	1500

采购价目表CGJMB000002。采购组织:变电器公司;币别:人民币;含税:勾选。采购价目表如表11-2所示。

第11章 采购管理

表11-2 采购价目表CGJMB000002

物料	物料名称	计价单位	单价(含税)
3.106	硅钢片	Pcs	500
3.107	铜线	Pcs	500
3.108	线缆	Pcs	500
3.1011	钢架	Pcs	500

2. 采购调价表

采购调价单数据CGTJ001。调价原因：定期询价。

采购调价表如表11-3所示。

表11-3 采购调价表CGTJ001

调价类型	价目表	物料	物料名称	计价单位	调前单价	调后单价	调价幅度/%
定期询价	CGJMB000002	3.106	硅钢片	Pcs	427.350427	341.88.342	−20.00
定期询价	CGJMB000002	3.107	铜线	Pcs	427.350427	384.615384	−10.00
定期询价	CGJMB000002	3.108	线缆	Pcs	427.350427	448.717948	5.00
定期询价	CGJMB000002	3.109	钢架	Pcs	427.350427	448.717948	5.00

3. 采购折扣表

采购折扣表数据CGZK000001。折扣方向：正向。具体如表11-4所示。

表11-4 采购折扣表CGZK000001

物料	物料名称	单位	从	至	折扣依据	计算方式	折扣率/%
3.100	气缸盖	Pcs	10	999	数量折扣	折扣率	10
3.101	制动器	Pcs	10	999	数量折扣	折扣率	10
3.102	调压阀盖	Pcs	10	999	数量折扣	折扣率	10
3.103	转轴	Pcs	10	999	数量折扣	折扣率	10
3.104	螺杆	Pcs	10	999	数量折扣	折扣率	10
3.105	螺母	Pcs	10	999	数量折扣	折扣率	10
3.110	轴承	Pcs	10	999	数量折扣	折扣率	10

操作指导

信息管理员李伟登录金蝶K/3 Cloud主控台。

1. 新建采购价目表

(1) 执行【供应链】—【采购管理】—【货源管理】—【采购价目表】命令，新增价目表CGJMB000001，根据实验数据录入资料，具体如图11-3所示，之后进行保存、提交及审核。

(2) 执行【供应链】—【采购管理】—【货源管理】—【采购价目表】命令，新增价目表CGJMB000002，具体如图11-4所示。

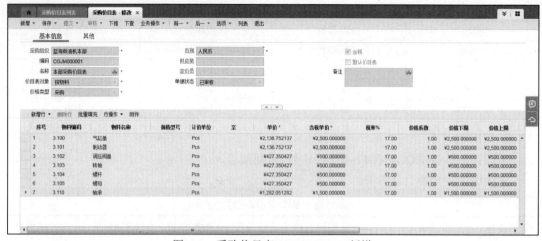

图11-3 采购价目表CGJMB000001新增

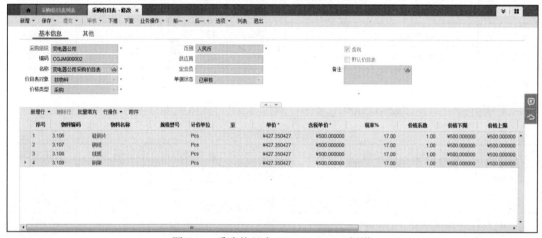

图11-4 采购价目表CGJMB000002新增

注意：

① 采购价目表有组织属性，只有创建组织或者价目表分发(分发可以理解为不同组织间信息的共享)后的目标组织可以使用采购价目表。

② 价格系数指的是单价对应的数量，默认为一，物料单位数量单价=单价/价格系数。

③ "至"用来设置物料的区间价。若同一物料有N行，"至"不一样，则按照至从大到小排列(至为空时为无限大)，价目表定义了物料N个不同数量区间的价格。

④ 在采购单据上面应用价目表时，采购单据的业务类型必须与价目表的价格类型相匹配。

⑤ 价目表指定供应商时，价目表只适用于该供应商，价目表供应商为空时为一般价目表，适用于任何供应商。

⑥ 价目表"含税"字段指的是物料报价是否含税，根据物料报价以及税率可以确定"单价""含税单价"。

⑦ 若采购参数需要控制采购限价，则可以在采购价目表上指定物料的价格上下限。

⑧ 采购价目表会检验唯一有效性，即在同一张价目表上，物料、辅助资料、数量区间等定价维度完全一样的情况下，在同一个时间区间内，只允许有一个价格。

⑨ 价目表的有效性通过生效日期、失效日期来控制。

⑩ 当物料的辅助属性(即等级)影响价格时，价目表上的辅助属性作为定价的一个因素。

2. 选单采购价目表生产采购调价表(或由采购价目表下推采购调价表)

在系统主界面，执行【供应链】—【采购管理】—【货源管理】—【采购调价表】—【选单】命令，选择采购价目表CGJMB000002，生成采购调价表CGTJ0001，具体如图11-5所示。选好需要调价的物料后，还可以手动新增行录入价格信息。

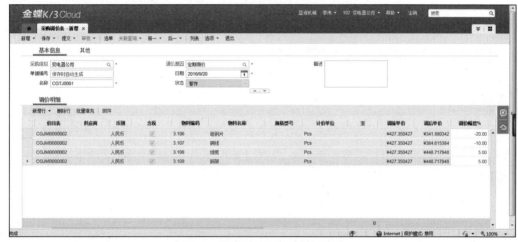

图11-5　生成采购调价表CGTJ0001

3. 采购价目表下推生成采购折扣表(或选单方式设置折扣表)

在系统主界面，执行【供应链】—【采购管理】—【货源管理】—【采购价目表列表】命令，单击【下推】按钮，选择采购价目表CGJMB000001，下推生成采购折扣表CGZK000001，具体如图11-6所示。

图11-6　下推生成采购折扣表CGZK000001

注意：

① 与采购价目表一样，采购折扣表也有组织属性，只有创建组织或者折扣表分发后的目标组织可以使用折扣表。分发可以理解为不同组织间信息的共享。

② 采购折扣表用"从""至"来代表区间，用于定义区间折扣。

③ "折扣依据"分为数量、金额两种，代表用订单数量还是订单金额来作为打折的依据。

④ "计算方式"为折扣率时表示结算金额按比例打折。"计算方式"为折扣额时表示结算金额可以优惠一定的金额。

⑤ "折扣方向"为正向时是优惠折扣，反向时，折扣表表示加价。

⑥ 与价目表一样，折扣表同样有有效日期。

实验二　货源管理及配额采购

【应用场景】

采购过程中需要进行采购渠道管理时需要设置货源清单，采购渠道管理包括采购配额管理、供应商采购许可的管理等，同时，货源清单还可以进行简单的采购情况统计。

【实验步骤】

(1) 设置采购货源清单。

(2) 进行配额采购。

【操作部门及人员】

信息管理员李伟登录，组织选择总装，设置物料线缆，勾选配额管理，配额方式选择固定比例；新增货源清单，设置线缆根据固定比例向两家供应商进行采购。

变电器公司仓管员张磊发现线缆紧缺，进行线缆采购的申请，新增采购申请单。

变电器公司采购员张杰进行配额下单，计算完成后生成订单，对采购订单进行价格设置，选择价目表，并保存审核采购订单。

变电器公司仓管员张磊收到美华公司送来的线缆48件，根据采购订单下推收料通知单；在收货检验中，发现有2件线缆检验不通过，进行退货补料处理，张磊根据收料通知单下推退料单；剩余46件线缆通过检验，进行入库，根据收料通知单下推入库单；张磊退料后收到美华公司2件线缆的补料，根据原采购订单下推收料单；检验合格入库，下推入库单。

变电器公司会计李敏根据两张入库单合并生成应付单。

【实验前准备】

完成实验一。

实验数据

1. 货源清单

货源清单CGML0001。采购组织：变电器公司。具体如表11-5所示。

表11-5 采购货源清单CGML0001

物料编号	名称	供应类别	供应商	生效日	配额比例/%	配额顺序	固定供应商
3.108	线缆	采购	明瑞五金	2016/1/1	40	1	
3.108	线缆	采购	美华公司	2016/1/1	60	1	

2. 采购申请单

采购申请单CGSQ00001。申请组织：变电器公司。具体如表11-6所示。

表11-6 采购申请单CGSQ00001

需求组织	采购组织	物料编号	名称	单位	数量	到货日期
变电器公司	变电器公司	3.108	线缆	Pcs	80	2016/1/1

3. 采购订单

配额下单生成的采购订单CGDD0001，供应商：美华公司/明锐五金。具体如表11-7所示。

表11-7 采购订单CGDD0001

物料编号	名称	单位	数量	供应商	收料组织	需求组织	结算组织
3.108	线缆	Pcs	48	美华公司	变电器公司	变电器公司	变电器公司
3.108	线缆	Pcs	32	明锐五金	变电器公司	变电器公司	变电器公司

操作指导

1. 查看物料上货源相关设置

信息管理员李伟登录金蝶K/3 Cloud主控台，在系统主界面，组织选择总装部，执行【基础管理】—【基础资料】—【物料列表】命令，选择物料"线缆"，进入【采购】页签，勾选配额管理，配额方式选择固定比例，具体如图11-7所示。

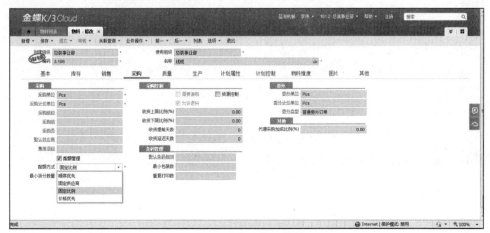

图11-7 物料货源参数

注意：

① 货源控制的物料，只能向在货源清单上定义的供应商进行采购。

② 配额管理的物料才能进行配额下单，配额方式有四种：

- 顺序优先：按照货源清单上的供应商的供应顺序依次分配申请数量，直到供应商的最大订货数量为止。
- 固定供应商：申请数量只分配给固定供应商，超出最大订货数量的手动处理。
- 固定比例：按照货源清单上的供应商配额比例分配申请数量。
- 价格优先：申请数量分配给系统价目表里有效价格最低的供应商。

③ 最小拆分数量可以理解为分配数量的最小增量，配额下单计算的分配数量是最小拆分数量的倍数。

2. 新增货源清单

在系统主界面，组织选择变电器公司，执行【供应链】—【采购管理】—【货源管理】—【货源清单】命令，新增货源清单，具体如图11-8所示。

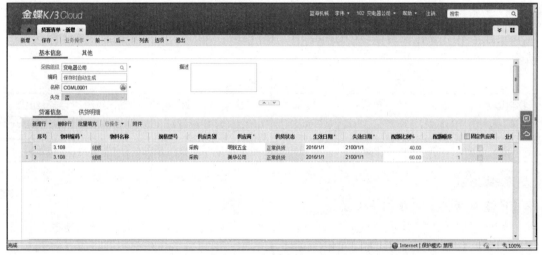

图11-8　货源清单新增

注意：

① 货源清单有供应类别，对于货源控制的物料，必须符合货源清单的供应类别才可以进行相关业务。

② 货源清单的供货明细里面记录了供应商的历史供货信息。

③ 通过货源统计服务可以更新货源清单的供货明细，还可以自动创建货源清单。

3. 新增采购申请单

变电器公司仓管员张磊在系统主界面，组织选择变电器公司，执行【供应链】—【采购管理】—【采购申请】命令，新增采购申请单，如图11-9所示。

第11章 采 购 管 理 | 161

图11-9　采购申请单新增

注意：

① 采购申请单审批时可以修改批准数量。

② 采购申请单下推采购订单的数量以批准数量为准。

4. 进行配额下单

变电器采购员张杰在系统主界面，执行【供应链】—【采购管理】—【订单处理】—【配额下单】命令，单击【选单】按钮，选择需要进行配额下单的采购申请单并返回，具体如图11-10所示。

图11-10　配额下单选单图

单击【配额计算】按钮，查看计算结果并选择后下单，具体如图11-11所示。单击【生成订单】按钮完成。

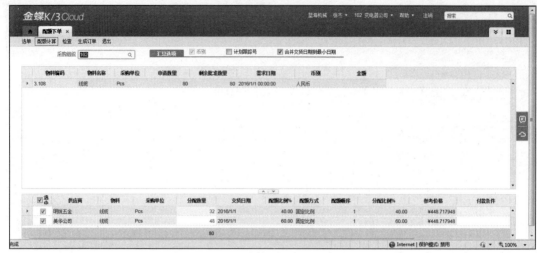

图11-11 配额计算及下单

注意：
① 计算界面上半部分为申请单信息，下半部分为计算结果。
② 光标点击不同的采购申请行可以查看各行不同的配额计算结果。
③ 配额计算结果可以手动修改。
④ 生成订单可将选中的计算结果生成采购订单。

5. 生成采购订单

变电器采购员张杰在系统主界面，执行【供应链】—【采购管理】—【订单处理】—【采购订单列表】命令，生成的订单在采购列表中，进入采购订单设置价目表，具体如图11-12所示，之后保存并审核订单。

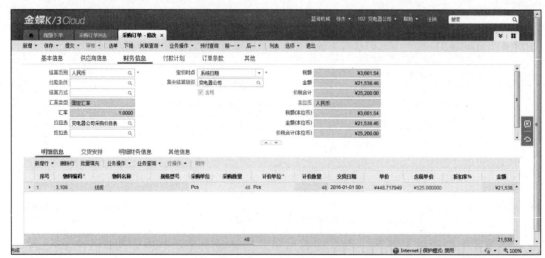

图11-12 生成采购订单

6. 生成收料通知单

变电器公司仓管员张磊收到美华公司送来的线缆48件，根据采购订单下推收料通知单，执行【供应链】—【采购管理】—【订单处理】—【采购订单列表】命令，单击【下推】按钮，生成收料通知单，具体如图11-13所示。

图11-13　生成收料通知单

7. 生成退料单

变电器公司仓管员张磊，在收货检验中发现有2件线缆检验不通过，进行退货补料处理，根据收料通知单下推退料单。执行【供应链】—【采购管理】—【收料处理】—【收料通知单列表】命令，选择采购收料单CGSL000001后单击【下推】按钮生成采购退料单，修改实退数量、补料数量为2，单击【保存】按钮提交并审核，具体如图11-14所示。

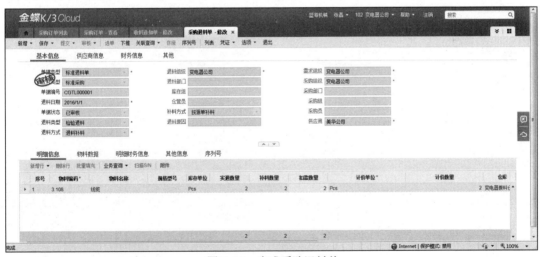

图11-14　生成采购退料单

8. 生成入库单

剩余46件线缆通过检验，进行入库，变电器公司仓管员张磊根据收料通知单下推入库单。执行【供应链】—【采购管理】—【收料处理】—【收料通知单列表】命令，选择采购收料单CGSL000001后单击【下推】按钮生成采购入库单，具体如图11-15所示。

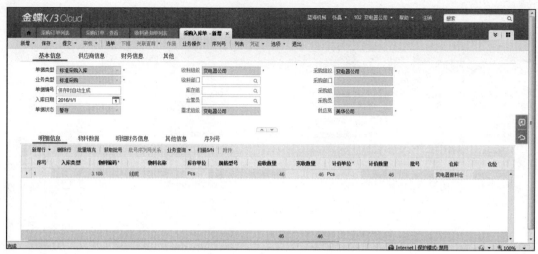

图11-15　生成采购入库单

9. 生成收料单

变电器公司仓管员张磊退料后收到美华公司2件线缆的补料，根据原采购订单下推收料单。执行【供应链】—【采购管理】—【订单处理】—【采购订单列表】功能，选择CGDD000004，下推生成收料通知单，具体如图11-16所示。

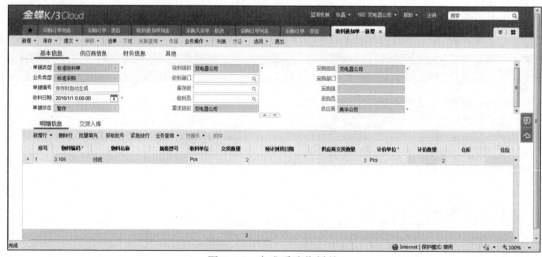

图11-16　生成采购收料单

10. 生成采购入库单

变电器公司仓管员张磊退料后收到美华公司2件线缆的补料，检验合格入库，由收料单下推生成入库单，执行【供应链】—【采购管理】—【收料处理】—【收料通知单列表】命令，选择采购收料单CGSL000001，下推生成采购入库单，具体如图11-17所示。

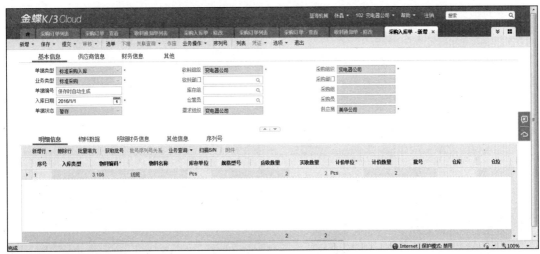

图11-17 生成采购入库单

11. 生成采购应付单

变电器会计李敏根据两张入库单合并生成应付单，执行【供应链】—【采购管理】—【收料处理】—【采购入库单列表】命令，选择采购入库单CGRK000002及CGRK000003，合并下推生成采购应付单，具体如图11-18所示。

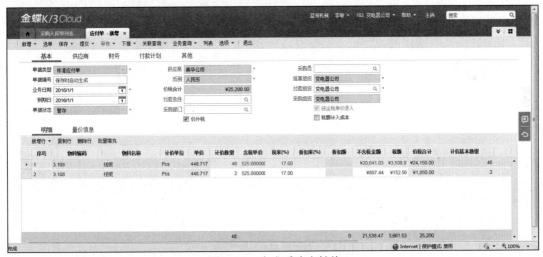

图11-18 生成采购应付单

实验三 VMI采购

应用场景

VMI(Vendor Managed Inventory)即供应商管理库存，是供应商和企业协同对供应链库存进行优化管理的重要策略。企业和供应商建立长期合作伙伴关系，在信息和知识共享的基础上，供应链伙伴间交换某些决策权、工作职责和资源，供应商从单纯执行采购订单变为主动为企业补充库存,在加快供应商响应企业需求速度同时,也使企业减少库存水平。VMI采购模式被越来越多的企业采纳,成为企业常用的一种采购业务类型,适用于各种工业和商业企业。VMI采购业务同时支持原材料的标准VMI业务和产品的受托代销业务。

实验步骤

(1) VMI采购基础设置。
(2) 下达VMI采购订单并进行入库。
(3) 通过调拨出库单领出VMI物料进行消耗。
(4) 进行VMI消耗汇总并生成相应的物权转移单。

操作部门及人员

信息管理员李伟登录进行VMI设置,对变电器公司的采购管理参数进行设置;将铜线反审核,勾选VMI业务;设置VMI价目表。

变电器公司采购员张杰新增VMI采购订单。

变电器公司仓管员张磊根据采购订单下推入库单,将入库100件铜线到VMI仓库中,货主仍为供应商;为准备生产,张磊新增VMI调拨单出库单,消耗30件铜线。

变电器公司采购员张杰进行批量创建消耗汇总,生成汇总表;审核对应的汇总表,自动生成无权转移单。

变电器会计李敏新增应付单,选择对应的物权转移单,并提交审核。

实验前准备

完成实验二。

实验数据

1. VMI采购价目表

采购价目表CGJM000003。采购组织:变电器公司;币别:人民币;含税:勾选;默认价目表:勾选。

采购价目表如表11-8所示。

表11-8 采购价目表CGJM000003

物料	物料名称	计价单位	单价(含税)
3.107	铜线	Pcs	500

2. VMI采购订单

制作采购订单CGDD000007,供应商:美华公司。具体如表11-9所示。

表11-9 采购订单CGDD000007

物料编号	名称	单位	数量	单价	金额	收料组织	需求组织	结算组织
3.107	铜线	Pcs	100	500	50000	变电器公司	变电器公司	变电器公司

3. VMI采购入库单

制作采购入库单CGRK0004。收料组织:总装事业部。具体如表11-10所示。

表11-10 采购价目表CGRK00006

物料编号	名称	单位	应收数量	实收数量	仓库	库存状态
3.107	铜线	Pcs	100	100	变电器供应商仓库	可用

4. VMI直接调拨单

制作直接调拨单ZJDB000002。领料组织:变电器公司;库存组织:变电器公司;调出货主:美华公司。具体如表11-11所示。

表11-11 直接调拨单ZJDB000002

物料编号	名称	单位	出库数量	调出仓库	调入仓库
3.107	铜线	Pcs	30	变电器供应商仓库	变电器原料仓库

5. 消耗汇总表

生成消耗汇总表XHHZ00001。采购组织:总装事业部;消耗组织:总装事业部;结算组织:总装事业部;供应商:现代机械。具体如表11-12所示。

表11-12 直接调拨单XHHZ00001

单据编号	物料编码	物料名称	单位	消耗数量	单价	金额
XHHZ000001	3.107	铜线	Pcs	30	500	15 000

操作指导

1. VMI采购基础设置

信息管理员李伟登录金蝶K/3 Cloud主控台。在系统主界面,组织选择总装部,执行【供应链】—【采购管理】—【参数设置】—【采购管理系统参数】—【VMI参数】命令,进行参数设置,具体如图11-19所示。

图11-19 VMI参数设置

对总装事业部下的物料铜线进行VMI业务设置,则变电器公司可对铜线进行VMI业务,执行【基础管理】—【基础资料】—【主数据】—【物料列表】命令,选择"铜线",进行反审核,勾选VMI业务具体如图11-20所示。

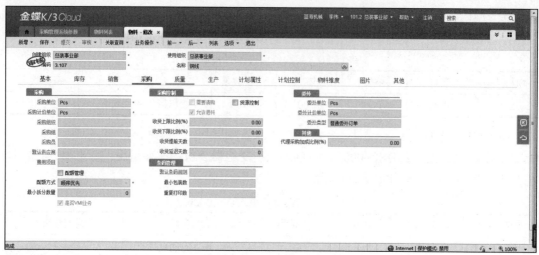

图11-20　VMI参数设置

进行VMI采购价目表设置,执行【供应链】—【采购管理】—【货源管理】—【采购价目表】命令,进行新增VMI采购价目表,具体如图11-21所示。

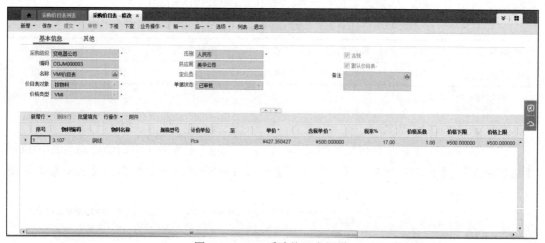

图11-21　VMI采购价目表新增

2. VMI采购订单新增

变电器公司采购员张杰,在系统主界面,执行【供应链】—【采购管理】—【订单处理】—【采购订单】命令,新增VMI采购订单,根据实验数据录入资料,具体如图11-22所示,之后进行保存,提交及审核。

第11章 采购管理 | 169

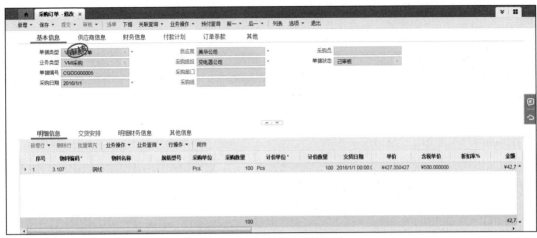

图11-22 VMI采购订单新增

注意：

① VMI的采购订单必须选择单据类型为VMI的采购订单。

② VMI采购订单上的供应商、物料、价目表等资料必须是VMI的相关资料。

3. VMI采购入库单新增

变电器公司仓管员张磊根据采购订单下推采购入库单，执行【供应链】—【采购管理】—【订单处理】—【采购订单列表】命令，勾选VMI采购订单，选择下推生成采购入库单，具体如图11-23所示。

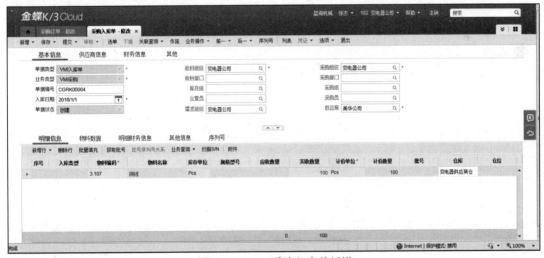

图11-23 VMI采购入库单新增

注意：

① VMI入库单的仓库既可以是企业的仓库，也可以是供应商仓库。

② VMI入库单上的货主是供应商，这是VMI业务跟一般业务的区别。

4. 调拨出库单新增

张磊新增VMI调拨单出库单，消耗30件铜线，在系统主界面，执行【供应链】—【库存管理】—【库存调拨】—【直接调拨单】命令，新增VMI调拨单出库单，在物料数据中输入调出货主，具体如图11-24所示。

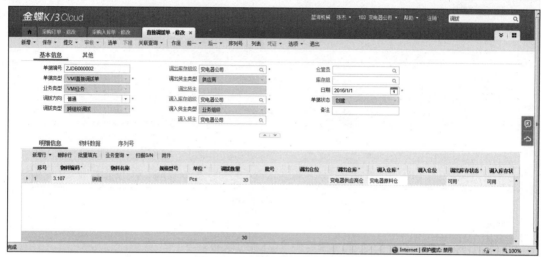

图11-24 VMI直接调拨单新增

5. 批量创建消耗汇总

变电器公司采购员张杰，在系统主界面，执行【供应链】—【采购管理】—【VMI业务】—【批量创建消耗汇总】命令，具体如图11-25所示。

图11-25 批量创建消耗汇总

6. 生成物权转移单

变电器公司采购员张杰在系统主界面，执行【供应链】—【采购管理】—【VMI业务】—【消耗汇总表】命令，选择相应消耗汇总表，单击【审核】按钮，自动生成物权转移单，具体如图11-26所示。

第 11 章 采购管理 | 171

图11-26 批量创建消耗汇总

7. 新增应付单

变电器会计李敏新增应付单，选择对应的物权转移单。在系统主界面，执行【供应链】—【财务会计】—【应付款管理】—【采购应付】命令，新增应付单，选择相应的物权转移单，具体如图11-27所示。

图11-27 批量创建消耗汇总

实验四 集中采购

应用场景

集中采购业务由相关的多个组织共同完成采购业务，体现了多组织之间的业务协同。集中采购业务包括申请、订单、收料入库、结算四个环节，分别由不同的业务组织处理，我们将这些业务组织定义为需求组织、采购组织、库存组织、结算组织。在本实验中，由采购组织汇总不同组织的采购需求，统一下达采购订单给供应商，指定供应商将产品送到不同的库存组织,最后由某一个结算组织与供应商进行统一结算。

> 实验步骤

(1) 总装事业部、机加事业部提交采购申请单。
(2) 本部下达采购订单。
(3) 总装事业部、机加事业部进行来料入库。
(4) 本部生产应付单进行采购应付。

> 操作部门及人员

总装事业部仓管员张勇根据生产需求新增采购申请单;机加事业部仓管员李杰根据生产需求新增采购申请单。

本部采购王勇根据两张申请单下推采购订单,选择价目表及折扣表。

张勇收到原材料,根据采购订单下推入库单;李杰收到原材料,根据采购订单下推入库单。

本部会计刘伟根据两张入库单生成应付单。

> 实验前准备

完成实验三。

> 实验数据

1. 采购申请单

申请组织:总装事业部/机加事业部,采购组织:蓝海采油机本部,收货组织:总装事业部/机加事业部。采购申请数据如表11-13所示。

表11-13 采购申请单数据

需求组织	采购组织	收货组织	物料编号	名称	单位	数量
总装事业部	蓝海柴油机本部	总装事业部	3.101	制动器	Pcs	15
机加事业部	蓝海柴油机本部	机加事业部	3.103	转轴	Pcs	15

2. 采购入库单

收料组织:总装事业部/机加事业部。采购入库单数据如表11-14所示。

表11-14 采购入库单数据

物料编号	名称	单位	应收数量	实收数量	收料组织	仓库	库存状态
3.101	制动器	Pcs	15	15	总装事业部	总装原料仓	可用
3.103	转轴	Pcs	15	15	机加事业部	机加原料仓	可用

> 操作指导

1. 采购申请单新增

总装事业部仓管员张勇登录金蝶K/3 Cloud主控台。在系统主界面,组织选择总装部,执行【供应链】—【采购管理】—【采购申请单】命令进行采购申请单新增,依据实验数据录入，具体如图11-28所示，之后进行保存，提交及审核。

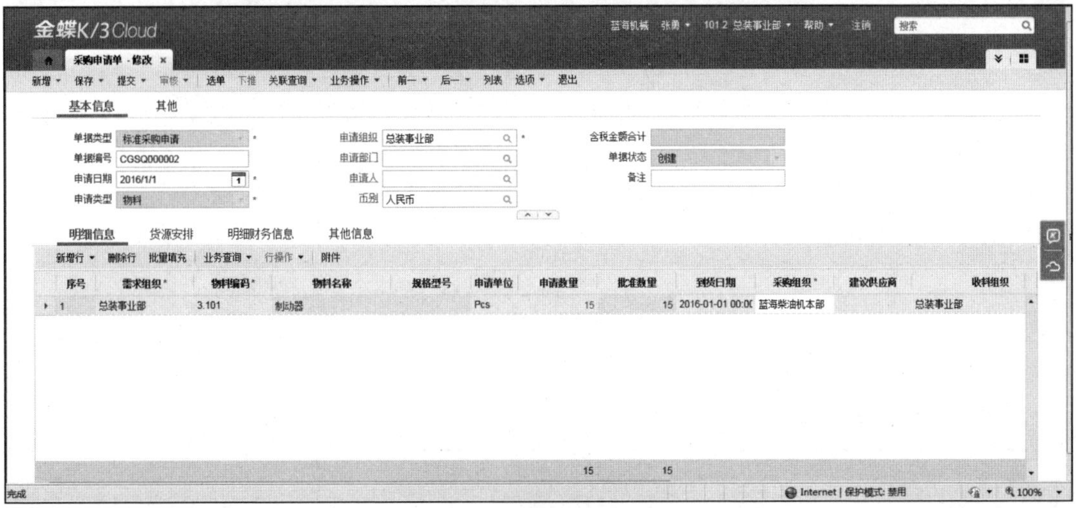

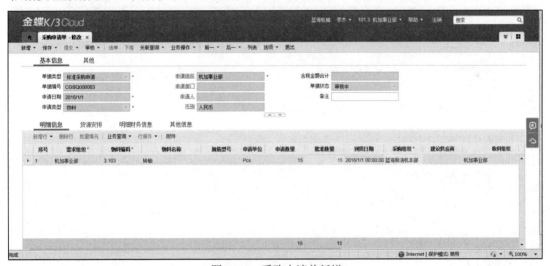

图11-28 采购申请单新增

机加事业部仓管员李杰登录金蝶K/3 Cloud主控台。在系统主界面，组织选择"总装事业部"，执行【供应链】—【采购管理】—【采购申请单】命令进行采购申请单新增，依据实验数据录入，具体如图11-29所示，之后进行保存，提交及审核。

图11-29 采购申请单新增

2. 采购订单生成

本部采购王勇登录金蝶K/3 Cloud主控台。在系统主界面，组织选择"蓝海柴油机本部总装部"，执行【供应链】—【采购管理】—【采购申请单列表】命令，查询步骤一中由总装事业部和机加事业部分别提交的采购申请单，合并下推生成采购订单，供应商选择"明锐五金"，并选择价目表和折扣表，具体如图11-30所示。

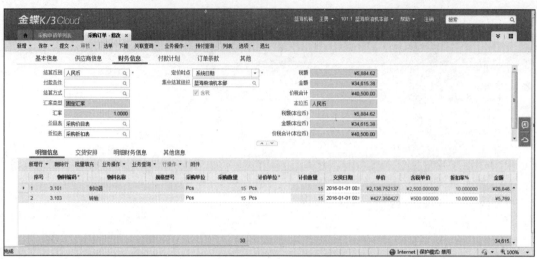

图11-30 采购订单生成

3. 下推生成采购入库单

总装事业部仓管员张勇登录金蝶K/3 Cloud主控台。在系统主界面，执行【供应链】—【采购管理】—【订单处理】—【采购订单列表】命令，选择相应采购订单，下推生成采购入库单，具体如图11-31所示。

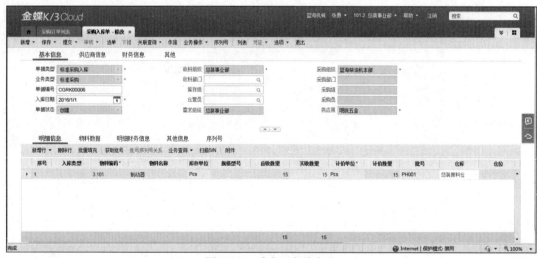

图11-31 采购入库单生成

机加事业部仓管员李杰登录金蝶K/3 Cloud主控台。在系统主界面，执行【供应链】—【采购管理】—【订单处理】—【采购订单列表】命令，选择相应采购订单，下推生成采购入库单，具体如图11-32所示。

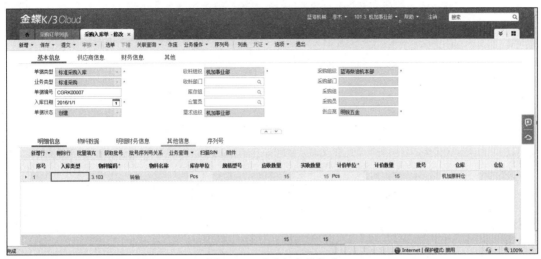

图11-32 采购入库单生成

注意：

① 采购订单上已经指定好了收料组织，只能由指定的收料组织进行收料。

② 采购物料可以分批入库，同一收料组织下的不同仓库，可以合并为一张收料单进行收料。

③ 入库单必须指定仓库以及库存状态，并且入库单会更新即时库存。

④ 若有需要，物料入库前可以进行收料检验，制作收料单与入库单类似。

4.下推生成采购应付单

蓝海柴油机本部会计刘伟登录金蝶K/3 Cloud主控台。

在系统主界面，执行【供应链】—【采购管理】—【收料处理】—【采购入库单列表】命令，选择相应采购入库单，下推生成采购应付单，具体如图11-33所示。

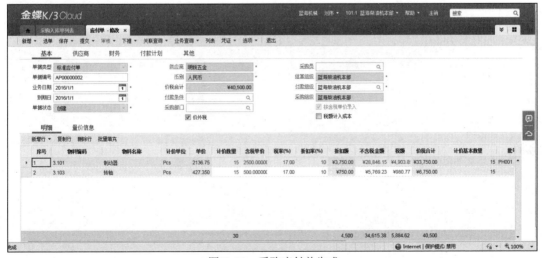

图11-33 采购应付单生成

上述实验完成后，备份账套，备份文件名为"F蓝海机械总公司(库存管理前账套)"。

第12章 库存管理

12.1 系统概述

库存管理是企业的基础和核心,支撑企业销售、采购、生产业务的有效运作。库存管理在物料日常出入库控制、保证生产的正常进行发挥了重要作用,同时将库存控制在合理水平,为企业提供准确的库存信息。为企业快速响应市场变化、满足市场需求、提高企业竞争力提供了有力保证。

K/3 Cloud库存管理主要业务包括仓库管理、日常的物料流转业务、库存控制三大部分,是通过入库业务、出库业务、调拨、组装拆卸、库存调整等功能,结合批号保质期管理、库存盘点、即时库存管理等功能综合运用的管理系统,对仓存业务的物流和成本管理全过程进行有效控制和跟踪,实现完善的企业仓储信息管理,K/3 Cloud库存管理系统整体流程图如图12-1所示。

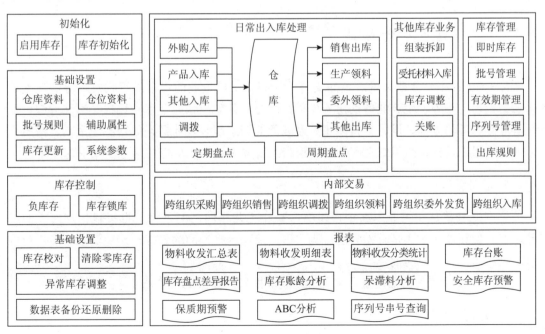

图12-1 库存系统总体流程图

▶ 12.1.1 库存系统基本业务流程

库存管理系统基本业务流程包括基础设置、初始化、日常业务、期末处理几个部分，库存系统应用流程图如图12-2所示。

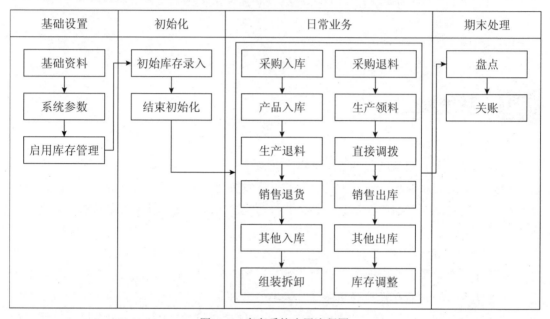

图12-2 库存系统应用流程图

▶ 12.1.2 重点功能概述

K/3 Cloud库存管理系统，全面支持单体和多工厂企业的日常库存收发业务，除支持采购、销售、委外、生产业务的出入库外，还提供其他出入库、库存调拨、组装拆卸、受托等库存业务的处理，同时支持多工厂企业间的跨组织收发业务，如跨组织采购、跨组织销售、跨组织调拨、跨组织生产领料、跨组织委外领料等，重点功能包括如下几方面。

1. 批号管理

生产批号就是在工业生产中，虽然原料和工艺相同，但是每一批投料生产出来的产品，在质量和性能上还是有差异的。为了事后追踪这批产品的责任，避免混杂不清，所以每一批产品都有相应的批号。

K/3 Cloud系统支持根据批号编码规则获取批号，提供批号主档。

2. 保质期管理

产品的保质期是指产品在正常条件下的质量保证期限。生产日期有不同的作用，对于有保质期的产品,就派生出销售和使用的期限。如果产品发生问题,同时也可以根据生产日期和批号,追踪各个环节的责任。

K/3 Cloud系统提供保质期管理及保质期预警。在日常收货、发货、出入库业务中维护物料的生产日期,根据保质期计算有效期。

3. 辅助属性管理

辅助属性是辅助物料编码对物料进行标识的信息,如颜色、等级等。K/3 Cloud支持多维度辅助属性管理及辅助属性固定列录入模式。

4. 序列号管理

序列号管理是对高价值、关键性物料进行单品管理和追溯。K/3 Cloud系统序列号录入支持扫描、批量创建、选择序列号、手工输入多种方式。提供序列号主档,序列号主档记录序列号的在库状态等及序列号流转的单据信息,供质量追溯。

5. 库存调拨

调拨表示货物从调出方调拨到调入方的业务。K/3 Cloud系统支持同一库存组织内不同仓库之间的货物调拨,也支持不同库存组织之间的货物调拨。

6. 组装拆卸

组装是促销的捆绑销售,在库存环节进行的简单组装作业,是将多个散件组装成一个配套件的过程。

拆卸是销售退回不良品或生产不良或库存检验不良品进行的简单拆卸作业。拆卸作业是一个和组装相反的过程,即把成品拆卸成子件。

7. 盘点

盘点即定期或者不定期对实物存货数量和价值进行核对和确认的处理流程,以掌握正确的存货数量和价值,从而达到实物与账目一致的目的,同时提供准确的库存记录。K/3 Cloud库存盘点支持定期盘点和周期盘点。

K/3 Cloud库存管理系统具有的功能特性包括:

(1) 提供库存管理系统初始化,把企业在实施ERP系统前通过手工记录的库存余额导入系统。

(2) 提供日常出、入库业务数据录入。

(3) 提供直接调拨、分步式调拨业务。

(4) 提供即时库存多维度汇总查询。

(5) 存货按照货主(存货所有者)、保管者、库存状态等来区分。

(6) 支持多计量单位:基本单位、库存单位、库存辅助单位。

(7) 支持库位管理,提供多维度库位的定义。

(8) 支持不良品的库存锁库。
(9) 提供批号保质期管理，提供根据编码规则自动获取批号。
(10) 提供多种拣货规则，根据用户设置的批号、保质期拣货规则实现出库自动指定。
(11) 支持定期盘点、周期盘点，实现盘点数据备份及盘盈、盘亏调整。
(12) 支持库存调整：形态转换、库存状态转换、批号调整。
(13) 支持关账/反关账，可指定日期关账。
(14) 支持保质期、安全库存、最大/最小库存业务预警。
(15) 提供库存数据的统计分析报表，供各级管理人员使用。

12.2 实验练习

实验一 简单生产

应用场景

变电器公司张磊通过简单生产进行简单生产领料和简单生产入库。

实验步骤

(1) 新增简单生产领料单。
(2) 新增简单生产入库单。

操作部门及人员

变电器公司仓管员张磊。

实验前准备

(1) 恢复前述备份账套"F蓝海机械总公司(库存管理前账套)"。
(2) 将系统时间调为2016-1-1。

实验数据

1. 简单生产领料

变电器公司进行简单生产领料，领料信息如表12-1和表12-2所示。

表12-1 简单生产领料单基本信息

单据类型	日期	发料组织	货主类型	货主、生产组织	生产车间
简单生产领料	2016/1/1	变电器公司	业务组织	变电器公司	变电器车间

表12-2 简单生产领料单明细信息

物料编码	物料名称	申请数量	实发数量	仓库	生产对象
3.106	硅钢片	8	8	变电器原料仓	50kw变压器

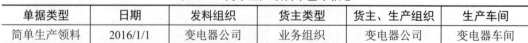

(续表)

物料编码	物料名称	申请数量	实发数量	仓库	生产对象
3.107	铜线	8	8	变电器原料仓	50kw变压器
3.108	线缆	8	8	变电器原料仓	50kw变压器
3.109	钢架	8	8	变电器原料仓	50kw变压器

2. 简单生产入库

变电器公司进行简单生产入库，入库信息如表12-3所示。

表12-3　简单生产领料单基本信息

单据类型	简单生产入库	物料名称	50kw变压器
日期	2016/1/1	入库类型	合格品入库
入库组织	变电器公司	应收数量	8
生产组织	变电器公司	仓库	变电器成品仓
货主	变电器公司	生产车间	变电器车间

[操作指导]

1. 新增简单生产领料单

变电器公司张磊在K/3 Cloud系统主界面，执行【供应链】—【库存管理】—【简单生产业务】—【简单生产领料单】命令，填入案例资料，然后进行保存、提交、审核，如图12-3所示。

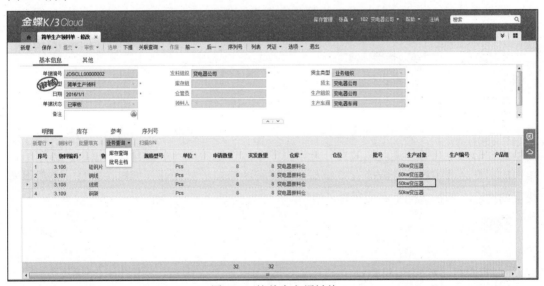

图12-3　简单生产领料单

注意：

① 简单生产领料单是处理生产部门和仓储部门之间领料业务关系的书面凭证，是财务人员据以记账、核算成本的重要原始凭证。

② 简单生产领料单支持通过录入产品编码或者BOM编码，树形展开产品结构，选择所需物料简单生产领料单。

③ 简单生产领料单支持通过选择符合条件的简单生产入库单，批量快捷成套领料单。
④ 简单生产领料单的生成方式包括：简单入库单分录下推生成、简单生产领料单上拉物料清单或者简单生产入库单生成、简单生产领料单新增界面，手动新增生成。

2. 填写简单入库单

在系统主界面，执行【供应链】—【库存管理】—【简单生产业务】—【简单生产入库单】命令，填入案例资料后，进行保存、提交、审核，如图12-4所示。

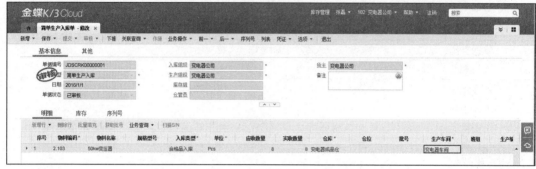

图12-4　简单生产入库单

注意：
① 简单生产入库单是处理生产订单的入库业务类型的库存单据，是确认生产车间和仓库货物出库的书面证明，也是财务人员据以记账、核算成本的重要原始凭证。
② 简单生产入库单支持批量下推简单生产领料单。

实验二　组装拆卸

应用场景

组装拆卸单用于组装、拆卸业务录入、审核等，其中组装是促销的捆绑销售，在库存环节进行的简单组装作业，组装业务是指将多个散件组装成一个配套件的过程；拆卸是销售退回不良品或生产不良或库存检验不良品进行的简单拆卸作业。拆卸作业是一个和组装相反的过程，即把成品拆卸成子件。

实验步骤

(1) 新增组装物料清单。
(2) 新增组装拆卸单(组装)。
(3) 新增组装拆卸单(拆卸)。

操作部门及人员

信息管理员李伟、总装事业部仓管员张勇。

实验前准备

接实验一继续练习。

实验数据

1. 组装物料清单

组装物料清单信息如表12-4和表12-5所示。

表12-4 组装物料清单

创建、使用组织	单据类型	BOM分类	父项物料编码	物料名称
总装事业部	物料清单	标准BOM	1.102	70kw柴油机套装

表12-5 组装物料清单子项明细

物料编码	子项物料名称	用量：分子	用量：分母	生效日期	发料方式
1.101	70kw柴油机	1	1	2016/1/1	直接领料
4.100	润滑油	1	1	2016/1/1	直接领料

2. 组装拆卸单(组装)

总装事业部提出促销政策，将70kw柴油机与润滑油打包成套装待出售，组装拆卸单信息如表12-6～表12-8所示。

表12-6 组装拆卸单基本信息

单据类型	库存组织	事务类型	日期
标准组装拆卸	总装事业部	组装	2016/1/1

表12-7 组装拆卸单成品信息

物料编码	物料名称	数量	仓库	费用
1.102	70kw柴油机套装	10	总装成品仓	5.00

表12-8 组装拆卸单子件信息

物料编码	物料名称	数量	仓库	组建序列号
1.101	70kw柴油机	10	总装成品仓	XLH001-010
4.100	润滑油	10	总装成品仓	

3. 组装拆卸单(拆卸)

由于促销政策的改变，将原组装成的套装进行拆卸，组装拆卸单信息如表12-9～表12-11所示。

表12-9 组装拆卸单基本信息

单据类型	库存组织	事务类型	日期
标准组装拆卸	总装事业部	拆卸	2016/1/1

表12-10 组装拆卸单成品信息

物料编码	物料名称	数量	仓库
1.102	70kw柴油机套装	10	总装成品仓

表12-11 组装拆卸单子件信息

物料编码	物料名称	数量	仓库	组建序列号
1.101	70kw柴油机	10	总装成品仓	XLH001-010
4.100	润滑油	10	总装成品仓	

> 操作指导

1. 新增组装物料清单

信息管理员李伟在总装事业部组织下，执行【供应链】—【库存管理】—【组装拆卸】—【组装BOM列表】命令，单击菜单栏上【新增】按钮，新增一张物料清单，录入案例数据后，进行保存、提交、审核，如图12-5所示。

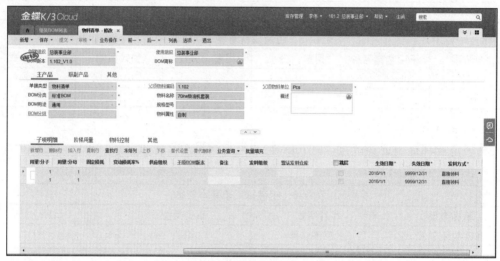

图12-5　物料清单

2. 新增组装拆卸单(组装)

总装事业部仓管员张勇在K/3 Cloud系统主界面，执行【供应链】—【库存管理】—【组装拆卸】—【组装拆卸单】命令，录入案例数据后进行保存、提交、审核，如图12-6所示。

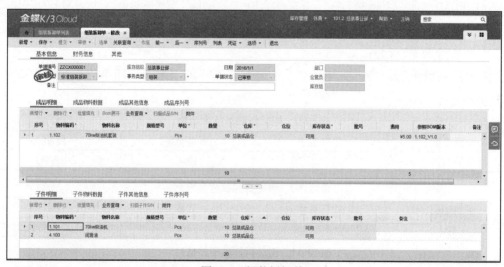

图12-6　组装拆卸单

其中选择子件序列号时，需要在【子件序列号】页签中单击【选择S/N】按钮，在弹出的【选择序列号】窗口中选择XLH001-XLH010的序列号，如图12-7所示。

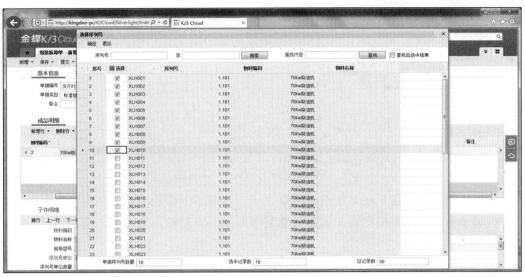

图12-7 选择序列号

3. 新增组装拆卸单(拆卸)

在K/3 Cloud系统主界面，执行【供应链】—【库存管理】—【组装拆卸】—【组装拆卸单】命令，录入案例数据后进行保存、提交、审核，如图12-8所示。

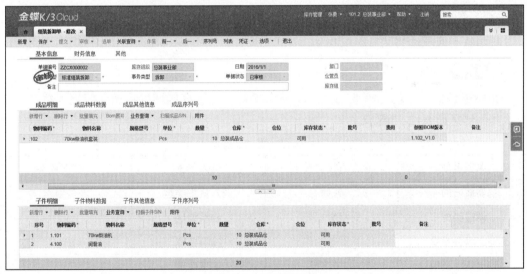

图12-8 组装拆卸单

注意：

① 组装拆卸单根据"事物类型"字段区分是组装业务还是拆卸业务。

② 组装拆卸单成品明细和子件明细是一对多的关系，支持按BOM展开。

③ 拆卸类型的组装拆卸单审核更新即时库存时，扣减成品可用库存量、增加子件可用库存量。

在本单据上执行【业务查询】—【库存查询】命令查看即时库存，或在主界面执行【供应链】—【库存管理】—【库存查询】—【即时库存】命令查询。

④ 组装类型的组装拆卸单审核更新即时库存时，增加成品可用库存量、扣减子件可用库存量。

实验三　直接调拨

应用场景

库存管理系统中的直接调拨包括组织内调拨和跨组织调拨，其中组织内调拨是指货物从一个仓库转移到另外一个仓库，比如生产常用的倒冲领料模式，物料先从原材料仓调拨到车间仓；跨组织调拨是在多组织应用模式下，处理不同事业部之间的存货转移业务，比如机加事业部生产完成的成品调拨给总装事业部做原材料，事业部之间后续按内部价结算。

实验步骤

新增直接调拨单。

操作部门及人员

机加事业部李杰。

实验前准备

接实验二继续练习。

实验数据

2016年1月1日，机加事业部生产完调压阀后，通过直接调拨将调压阀调入总装事业部，具体信息如表12-12所示。

表12-12　直接调拨单

单据类型	标准直接调拨单	调入货主	总装事业部
调拨方向	普通	调入货主类型	业务组织
调拨类型	跨组织调拨	物料编码	2.100
调出库存组织	机加事业部	物料名称	调压阀
调出货主类型	业务组织	调拨数量	10
调出货主	机加事业部	调出仓库	机加成品仓
调入库存组织	总装事业部	调入仓库	总装原料仓

操作指导

机加事业部仓管员李杰在系统主界面，执行【供应链】—【库存管理】—【库存调拨】—【直接调拨】命令，录完直接调拨单的案例数据后，进行保存、提交、审核，如图12-9所示。

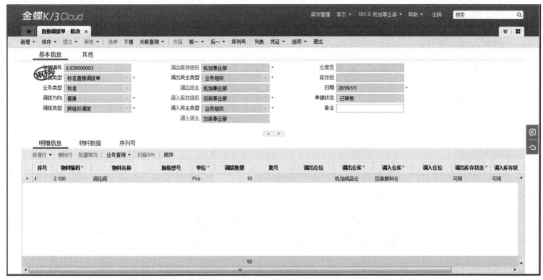

图12-9 直接调拨单新增

注意：

① 调拨类型选择跨组织调拨后，才支持跨组织调拨。

② 库存管理维度有库存组织，物料及物料批号、保质期等，仓库、仓位、库存状态，货主及保管者，需要用户在库存单据上录入完整、正确。

③ 直接调拨单审核更新即时库存时，扣减调出方可用库存量、增加调入方可用库存量。

在本单据上单击【业务查询】【库存查询】按钮查看即时库存，或在主界面执行【供应链】—【库存管理】—【库存查询】—【即时库存】查询功能。

④ 本实验跨组织调拨时，货主也改变，涉及组织间内部交易(备注：组织间内部交易的内容参考组织间结算章节)。也支持调拨给总装事业部保管，货主还是机加事业部。

⑤ 本实验演示的是直接调拨，如果调拨双方地理位置远、运输周期长，且需要对货物进行在途管理，则系统可使用分步式调出→分步式调入来处理。

实验四　分布式调拨

应用场景

分步式调拨常用于有在途管理需求。调出方先做分步式调出单，表示货物发出，货物的状态是在途不可用，调入方在确认收货后再做分步式调入单，表示货物接收可用。分布式调拨的使用前提包括必须设定了库存组织、库存组织启用日期、计量单位、物料、仓库。

实验步骤

(1) 下推生成分布式调出单。

(2) 下推生成分布式调入单。

操作部门及人员

总装事业部仓管员张勇、销售公司深圳分公司仓管员张艳。

实验前准备

接实验三继续练习。

实验数据

总装事业部使用分布式调拨将20台50kw柴油机调入销售公司深圳分公司,分布式调拨信息如表12-13和表12-14所示。

表12-13　分布式调拨基本信息

单据类型	调拨类型	调出库存组织	调入库存组织	日期
标准分布式调出单	跨组织调拨	总装事业部	销售公司深圳分公司	2016/1/1

表12-14　分布式调拨明细信息

物料编码	物料名称	调出数量	调出仓库	调入仓库
1.100	50kw柴油机	20	总装成品仓	深分成品仓
4.100	润滑油	20	总装成品仓	深分成品仓

操作指导

1. 下推分布式调出单

总装事业部仓管员张勇在K/3 Cloud系统主界面,执行【电商与分销】—【要补货管理】—【要补货处理中心】—【配送单列表】命令,在【配送单列表】页签中选择编号为"PSD000001"的配送单,单击菜单栏的【下推】按钮,系统弹出【选择单据】对话框,如图12-10所示。

图12-10　选择配送单

在【选择单据】对话框中选择"分布式调出单"后单击【确定】按钮,可以查看"分布式调出单",根据案例信息填入日期后,进行保存、提交、审核,如图12-11所示。

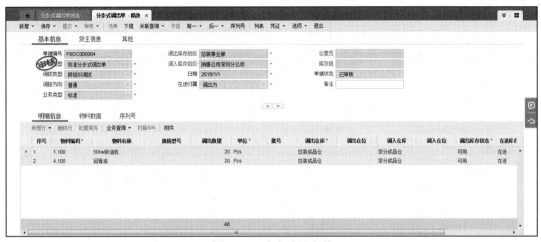

图12-11 分布式调出单

注意：

① 分步式调拨用于处理货物在途管理。货物从调出方发出后，在调入方未确认收货前，货主处于在途状态，而且根据在途归属是调出方还是调入方来决定物权所有。

② 分步式调出单更新即时库存表除了扣减调出方可用库存量，还根据在途归属增加调出方或调入的在途状态的库存量。

③ 分步式调出单调拨方向分普通类型和退货类型。普通表示货物从调出方调拨到调入方这种正常调拨业务，退货表示调入方收到货物后再部分或全部退还给调出方，调出方原来处理的那笔调拨业务的调出数量减少了。

2. 下推分布式调入单

销售公司深圳分公司仓管员张艳在K/3 Cloud系统主界面，执行【供应链】—【库存管理】—【库存调拨】—【分布式调出单列表】命令，过滤条件中选择"所有组织"，单击调入仓库为"深分成品仓"的分布式调出单，单击菜单栏的【下推】按钮，系统弹出【选择单据】对话框，如图12-12所示。

图12-12 选择下推单据

在【选择单据】对话框中选择"分布式调入单"后单击【确定】按钮，可以查看"分布式调入单"，根据案例信息填入日期后，进行保存、提交、审核，如图12-13所示。

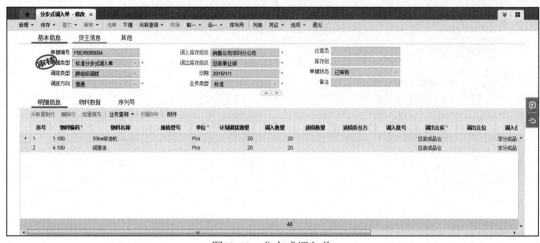

图12-13　分布式调入单

实验五　盘点

应用场景

仓管员对总装事业部的所有仓库、所有物料进行盘点。

实验步骤

(1) 新增盘点方案。
(2) 录入物料盘点作业。
(3) 生成盘盈盘亏。

操作部门及人员

总装事业部仓管员张勇。

实验前准备

(1) 接实验四继续练习。
(2) 将系统日期调至2016-1-1。

实验数据

1. 盘点方案

新增盘点方案如表12-15所示。

表12-15 盘点方案

单据类型	盘点方案名称	库存组织
标准盘点方案	总装事业部盘点	总装事业部

2. 物料盘点作业

盘点方案审核自动生成物料盘点作业，录入盘点数量如表12-16所示。

表12-16 物料盘点作业

物料编码	物料名称	单位	盘点数量	仓库	批号或序列号
2.100	调压阀	Pcs	19	总装原料仓	
2.103	50kw变压器	Pcs	10	总装原料仓	
2.104	70kw变压器	Pcs	10	总装原料仓	
3.100	气缸盖	Pcs	20	总装原料仓	
3.101	制动器	Pcs	20	总装原料仓	PH000
3.101	制动器	Pcs	15	总装原料仓	PH001
3.110	轴承	Pcs	20	总装原料仓	
1.100	50kw柴油机	Pcs	20	总装成品仓	
1.101	70kw柴油机	Pcs	50	总装成品仓	

操作指导

1. 盘点方案录入

盘点方案是用来确定盘点的范围，总装事业部仓管员张勇在K/3 Cloud系统主界面，执行【供应链】—【库存管理】—【定期盘点】—【盘点方案】命令，根据案例资料新增盘点方案后，进行保存、提交、审核，如图12-14所示。

图12-14 盘点方案

注意：

① 盘点方案是按库存组织来制定，支持盘点范围的条件输入。

② 盘点方案审核生成物料盘点作业。

③ 盘点方案反审核会删除物料盘点作业。一旦完成盘点(物料盘点作业审核)，则盘点方案会自动关闭。

④ 盘点方案审核自动生成物料盘点作业。在单据上单击【查询物料盘点作业】按钮可联查物料盘点作业。

2. 录入物料盘点作业

在系统主界面，执行【供应链】—【库存管理】—【定期盘点】—【物料盘点作业列表】命令，打开之前生成的物料盘点作业单，根据案例资料录入实际的盘点数量后，进行保存、提交、审核，如图12-15所示。

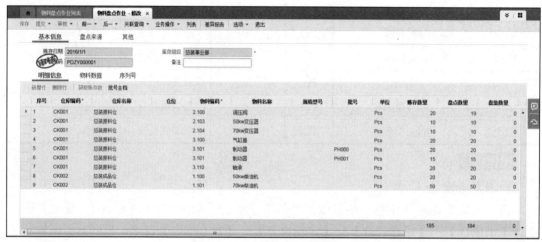

图12-15 物料盘点作业录入

注意：

① 物料盘点作业支持引出引入。先从系统引出需要盘点的数据，实际盘点完成后在Excel中录入盘点数量后再引入。

操作步骤如下：

【库存管理】—【定期盘点】—【物料盘点作业列表】—选项—引出—按引入模板引出数据。再打开下载的引入模板(Excel)编辑后保存。

【库存管理】—【定期盘点】—【物料盘点作业列表】—初始库存列表—选项—引入—引入：打开引入向导，选择保存的引入文件。

② 物料盘点作业单审核不更新即时库存，由审核后由生成的盘盈盘亏单来调整账存。

3. 生成盘盈盘亏

物料盘点作业审核后自动生成盘亏单，在菜单栏上单击【关联查询】【查询盘亏单】按钮可联查盘亏单，如图12-16所示。

还可以在系统主界面，执行【供应链】—【库存管理】—【定期盘点】—【盘亏单列表】命令找到对应的盘亏单打开查看，并进行保存、提交、审核，如图12-17所示。

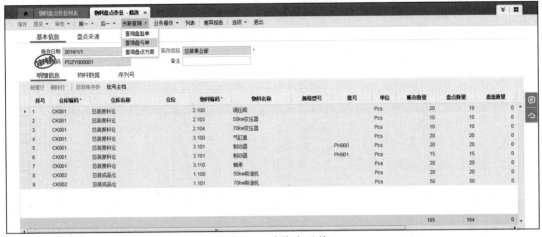

图12-16　查询盘亏单

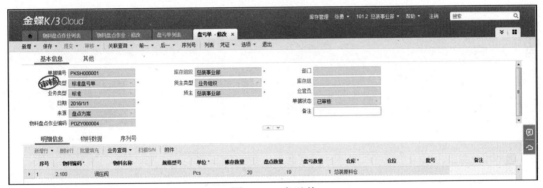

图12-17　盘亏单

注意：

① 由物料盘点作业生成的盘盈盘亏单自动审核，且不能反审核。

② 审核的盘盈盘亏单更新即时库存来调整账存，使得调整后的账存数量和实际库存数量一致。

③ 在盘盈盘亏单上单击【业务查询】【库存查询】按钮查看即时库存是否更新正确，或在主界面执行【供应链】—【库存管理】—【库存查询】—【即时库存】命令查询。

④ 完成盘点后，查看库存报表。

执行【供应链】—【库存管理】—【报表分析】—【物料收发明细表】命令查看各物料在一段时间内的期初结存、收入、发出、结存的明细数据

执行【供应链】—【库存管理】—【报表分析】—【物料收发汇总表】命令查看各物料在一段时间内的期初结存、收入、发出、结存的汇总数据。

上述实验完成后，备份账套，备份文件名为"F蓝海机械总公司(组织间结算前账套)"。

第 13 章 组织间结算

13.1 系统概述

金蝶K/3 Cloud支持多组织业务的开展。在多组织架构下，必然涉及多组织间的业务往来。所谓多组织间结算，就是涉及两个或者多个组织之间内部发生具有物权、资金、服务等转移的业务，当所发生的组织之间采取独立核算时，这种业务发生后，需要在发生业务的组织之间进行内部结算。组织间结算就是解决内部组织发生业务后的内部结算的解决方案。

13.1.1 组织间结算基本业务流程

组织间结算管理主要流程包括：定义结算价目表、定义组织间结算关系、根据原始业务单据生成组织间结算清单(应收应付清单)、生成组织间结算交易单据。

图13-1列示了组织间结算在金蝶K/3 Cloud系统中的主要操作流程。

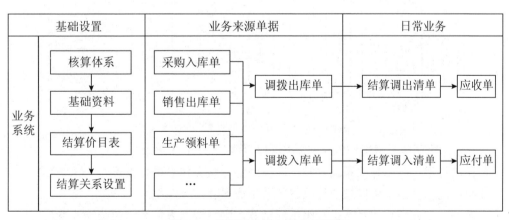

图13-1　组织间结算主要业务流程

(1) 设置基础数据

在系统使用前，需要先设置基础数据。首先，设置公共的基础档案，包括组织信息、会计核算体系、组织间业务委托关系、工作日历、地址信息、部门、员工、计量单位、货币、汇率、物料等。相关的设置可执行【基础管理】—【基础资料】命令进行。

(2) 设置组织间结算基础数据

包括结算价目表、组织间结算关系设置。相关的设置可在【供应链】—【组织间结算】—【组织间结算价目表】,以及【供应链】—【组织间结算】—【组织间结算关系设置】中进行。

(3) 日常业务操作

组织间结算根据日常跨组织采购单据、跨组织销售单据、跨组织调拨单据生成结算清单,并关联应收应付,完成组织间内部结算。相关的业务操作可以在【供应链】—【组织间结算】—【结算清单】—【创建结算清单】中处理。

▶ 13.1.2 重点功能概述

1. 会计核算体系与组织间交易

任意两个组织间的交易并不一定构成组织间的结算需求。只有在两个独立核算的核算组织之间才需要内部结算、分别考核;同一个核算组织下的业务单元之间的交易,视为组织内部业务,不进行组织间结算。

独立核算的组织间才产生组织间的结算,并进行结算业务处理,如图13-2所示。

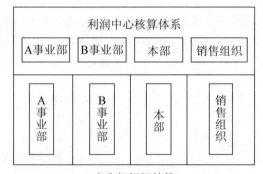

图13-2 独立核算的组织间才产生结算

关于会计核算体系对组织间结算的影响,有以下几个注意点。

① 在进行组织间结算关系设置时,应按照会计核算体系进行设置。

② 组织间结算清单可以按会计核算体系生成多套结算清单。

③ 例如,法人核算体系下进行组织间结算,则生成法人体系下的结算清单。

④ 在利润中心核算体系下进行组织间结算,则生成利润中心体系下的结算清单。

⑤ 不同会计核算体系的结算清单中,内部结算价可以不同。

⑥ 组织间结算产生的内部交易单据可按照会计核算体系进行判断。

⑦ 在法人核算体系下，当发生交易的两个业务组织分属不同的上级核算组织时，产生内部交易的采购入库单、销售出库单。否则，只采用内部的分步式调出、调入单据进行处理。

⑧ 如果仅设置利润中心考核体系，则发生交易的两个组织采用内部的分步式调出、调入单据进行处理。

2. 组织间结算关系

组织间结算关系主要设置需要结算的核算组织之间的有关内容，包括交易主体、交易模式(购销、代理)、组织间结算价目表等信息。

在设置组织间结算关系前，必须先设定会计体系、核算组织、组织间业务委托关系、客户、供应商、价目表等资料。

一个多组织实体内部的组织间结算关系常见的应用场景包括：

① **跨组织调拨**：几个有业务关联的企业之间产生物料调拨，需要进行结算。

② **跨组织销售**：销售公司接收客户订单后，指定有业务关联的工厂供应货物，需要进行结算。

③ **跨组织采购**：来自关联工厂的物料需求，由采购中心向供应商下采购订单。

④ **跨组织领料**：工厂生产所用的部分材料，从关联企业领用。

⑤ **跨组织完工入库**：工厂生产出的产品，送入关联企业的库存中。

⑥ **跨组织委托**：关联企业间的委托加工，包括委外订单、委外工序。

⑦ **组织间服务**：如资金结算、质量检验等，需要进行结算。

3. 组织间结算价目表

组织间结算价目表是一个组织作为其他组织的供货方的销售价目表，是作为组织间结算系统的价格信息处理中心。主要用于集中管理价格信息，并提供这些信息的设置、维护等功能。

(1) 价格的失效处理

当价格发生变化时，用户可以在列表或者单据界面对价目表进行失效操作。该失效操作是对价目表的整单操作。

用户也可以对已失效的价目表进行反失效操作，恢复原有的价格。

(2) 引入价格功能

在维护组织间结算价目表时，可以支持引入采购价目表、销售价目表。

当同一价目表上有相同的物料时，支持选择符合条件的物料价格进行引入。

(3) 分发功能

可以由一个组织统一定价，然后分发给其他组织使用。

4. 创建结算清单

核算组织在选定的会计核算体系下，通过创建向导将符合组织间结算单据自动生成结算清单，完成组织间交易结算。

在创建结算清单时，需要先设置好结算价目表、设置组织间结算关系、有跨组织结算业务生成的跨组织调拨出入库等单据。

(1) 创建结算应收单

在创建该类单据时，系统的业务类型为跨组织采购、跨组织销售、跨组织生产领料、跨组织委外领料、跨组织调拨，调出货主的上级核算组织为选定的核算组织，跨组织业务单据自动按供货方核算组织生成结算应收清单。

(2) 创建结算应付单

在创建该类单据时，系统的业务类型为跨组织采购、跨组织销售、跨组织生产领料、跨组织委外领料、跨组织调拨，调出货主的上级核算组织为选定的核算组织，跨组织业务单据自动按接收方核算组织生成结算应付清单。

(3) 结算取价来源

系统默认取价来源为：结算价目表。对于跨组织采购，支持取采购价格加成，即在【物料】—【采购】页签采购加成比率维护加成信息，则取价时，按"采购价×(1+加成率)"为结算价。

对于跨组织销售，支持取销售价减价，即在【物料】—【销售】页签销售减价比率维护减价信息，则取价时，按销"售价×(1－减价率)"为结算价。

组织间结算支持多种取价来源，可取采购价减价、销售价加价、成本价等。设置取价来源后，可选择该来源并确认结算价的取价方式。

(4) 创建结算清单的限制条件

如果涉及结算交易双方业务组织的上级核算组织为同一个核算组织(同一核算体系)时，则不产生结算清单记录。

同一笔跨组织交易业务单据可以按选择会计核算体系不同，多次生成结算记录；但是在同一个会计核算体系下如已结算则不允许重复生成。

5. 定时结算

定时结算是设置组织间结算的定时服务，可以按设定的时间系统自动完成组织间结算，生成组织间结算清单。

支持按分、天、周、月、年设定计划。执行时间点为第一次运行结算的时间，之后将按执行间隔单位和执行间隔数值计算循环执行时间点，如执行时间点为2016年9月11日15：5：49，执行间隔单位为1天，第一次是在2016年9月11日15：5：49执行任务，则第二次将在2016年9月12日15：5：49执行任务。

▶ 13.1.3 与其他系统的关系

多组织结算涉及的业务比较多，可按照不同的业务类型来分析不同系统之间的业务关系。

1. 跨组织库存调拨业务

业务组织之间发生库存物料转移，可以通过库存调拨单来完成。在两个组织的库存管理系统中对应产生库存调出单、库存调入单，并在组织间结算中产生调入结算清单、调出结算清单。同时，反映到应收应付系统的组织间应付单、组织间应收单。

跨组织库存调拨业务的示意图，如图13-3所示。

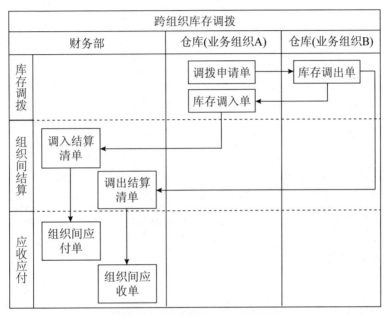

图13-3 跨组织库存调拨业务图

2. 跨组织销售业务

跨组织销售业务存在三种交易模式。

(1) 两个组织之间按照正常的客户、供应商交易流程来进行。在该模式下，当组织A接到客户订单后，向组织B下采购订单，然后按照正常的采购收货流程来完成组织间交易。

(2) 两个组织之间按照"跨组织库存调拨"流程来进行。在该模式下，业务组织A接到客户订单后，向业务组织B提出要货申请。组织B调拨货物到组织A，组织A再出货给客户。这种业务场景实质上就是"跨组织库存调拨"。

(3) 两个组织之间按照直运的流程来进行。在该模式下，业务组织A接到客户订单后，业务组织B按照订单直接出货给客户。这种业务场景实质上是一种直运业务，组织B的出库单隐含了"组织B调拨货物到组织A，组织A再出货给客户"的业务过程。

跨组织销售业务的示意图，如图13-4所示。

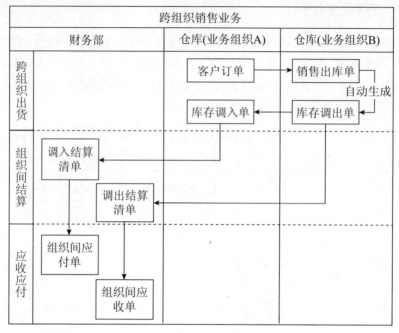

图13-4 跨组织销售业务图

3. 跨组织采购业务

跨组织采购业务存在三种交易模式。

(1) 两个组织之间按照正常的客户、供应商交易流程来进行。在该模式下，当组织B需要采购物料，由组织A向供应商下达采购订单，然后按照正常的采购收货流程来完成组织间交易。

(2) 两个组织之间按照"跨组织库存调拨"流程来进行。在该模式下，业务组织A向供应商下达订单，收货，再调拨货物到业务组织B。这种业务场景，实质上就是"跨组织库存调拨"。

(3) 两个组织之间按照直运的流程来进行。在该模式下，业务组织A向供应商下达订单后，业务组织B按此订单直接从供应商收货。这种业务场景，实质上是一种直运业务，组织B的入库单隐含了"组织A从供应商收货，再调拨货物到组织B"的业务过程。

跨组织采购业务的示意图，如图13-5所示。

4. 跨组织生产领料业务

业务组织A直接向业务组织B开出领料单，业务组织B按此领料单将物料调拨到业务组织A供其使用。在两个组织的库存管理系统中对应产生调拨出库单、调拨入库单，并在组织间结算中产生调入结算清单、调出结算清单。同时，反映到应收应付系统的组织间应付单、组织间应收单。

跨组织生产领料业务的示意图，如图13-6所示。

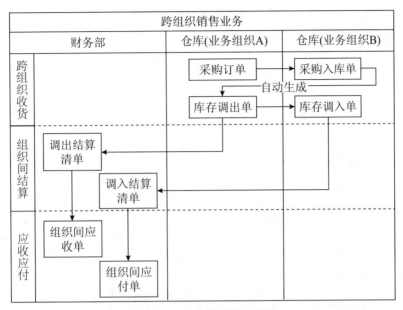

图13-5 跨组织采购业务图

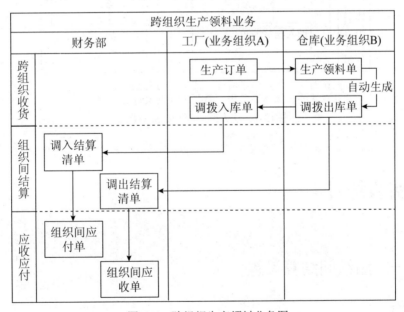

图13-6 跨组织生产领料业务图

5. 法人间分销购销业务

同一集团企业的不同法人组织间,也可能会存在购销业务。比如分销的加盟商会向区域中心要货,由于是独立法人,他们之间是购销关系;A向B下订单或者是要货申请,后续走销售出库和外购入库,按订单价格确认应收应付并正常开票。

此种场景下,如果是只有一套核算体系,各法人组织独立核算,其实是不需要内部结算的,按正常的购销流程走到应收应付即可。但是如果有多套核算体系,内部考核的价格与购销实际价格也可能不同,此时,同样需要组织间结算。

法人间分销购销业务的示意图,如图13-7所示。

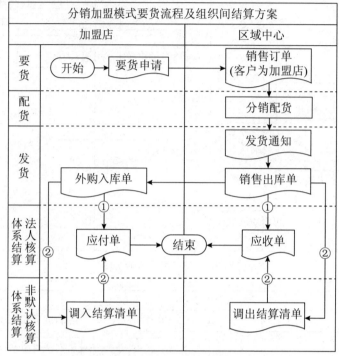

① 默认的法人核算体系流程,按正常购销进行结算并开票
② 非默认的核算体系流程,需要进行组织间结算

图13-7 法人间分销购销业务图

13.2 实验练习

实验一 组织间结算设置

应用场景

蓝海机械总公司对下属的各个组织采用利润中心核算方式进行考核,因此需要对各个利润中心设置组织间结算关系,并定义组织间结算的价目表。

实验步骤

(1) 新增组织间结算价目表。
(2) 审核组织间结算价目表。
(3) 分发组织间结算价目表。

(4) 新增组织间结算关系。

(5) 审核组织间结算关系。

操作部门及人员

由总装事业部的李伟在总装事业部下新增组织间结算价目表,并分发给总装事业部、本部、机加事业部、变电器事业部、销售公司、销售公司深圳分公司。

实验前准备

(1) 将系统日期调整为2016-1-1。

(2) 恢复前述备份账套"F蓝海机械总公司(组织间结算前账套)",将账套命名为"组织间结算"。

实验数据

1. 系统参数

无。

2. 基础资料

(1) 组织间结算价目表

组织间结算价目表如表13-1所示。

表13-1 组织间结算价目表

物料编码	物料名称	定价单位	价格	生效日期	失效日期
1.100	50kw柴油机	Pcs	20 000	2016/1/1	2100/1/1
1.101	70kw柴油机	Pcs	25 000	2016/1/1	2100/1/1
2.100	调压阀	Pcs	5000	2016/1/1	2100/1/1
2.103	50kw变压器	Pcs	5000	2016/1/1	2100/1/1
2.104	70kw变压器	Pcs	7000	2016/1/1	2100/1/1
3.100	气缸盖	Pcs	3000	2016/1/1	2100/1/1
3.101	制动器	Pcs	3000	2016/1/1	2100/1/1
3.102	调压阀盖	Pcs	800	2016/1/1	2100/1/1
3.103	转轴	Pcs	800	2016/1/1	2100/1/1
3.104	螺杆	Pcs	800	2016/1/1	2100/1/1
3.105	螺母	Pcs	800	2016/1/1	2100/1/1
3.110	轴承	Pcs	2000	2016/1/1	2100/1/1
4.100	润滑油	Pcs	70	2016/1/1	2100/1/1

注:税率均为0,故含税单价与价格相同。

当组织间结算价目表定义好之后,应分发到总装事业部(默认已有)、蓝海柴油机本部、机加事业部、变电器公司、销售公司、销售公司深圳分公司。

(2) 组织间结算关系

组织间结算关系如表13-2所示。

表13-2 组织间结算关系

供货方	接收方	业务背景
总装事业部	销售公司	集中销售
蓝海柴油机本部	总装事业部	集中采购
蓝海柴油机本部	机加事业部	集中采购
机加事业部	总装事业部	库存调拨
变电器公司	总装事业部	库存调拨
总装事业部	销售公司深圳分公司	分销

3. 初始余额

无。

操作指导

1. 新增组织间结算价目表

(1) 登录金蝶K/3 Cloud主页面

将系统日期调整为2016年1月1日。

双击桌面的【金蝶K/3 Cloud】快捷方式，打开K/3 Cloud登录页面。选择恢复的账套，然后进行登录。

当前账套：本案例选择"013组织间结算"。

选择命名用户身份登录。

用户名：李伟。

密码：666666。

单击【登录】按钮，进入【K/3Cloud系统-主页面】窗口，当前的组织为"101.2总装事业部"。

(2) 新增结算价目表

双击【所有功能】图标，在弹出的功能菜单中，执行【全部】—【供应链】—【组织间结算】—【价格资料】—【组织间结算价目表】命令，打开组织间结算价目表的新增界面。

选择核算组织为"总装事业部"，录入名称为"组织间结算价目表"，设置生效日为"2016/1/1"，失效日为"2100/1/1"。

单击【明细信息】页签下的【新增行】按钮，新增一行表体空行。

单击【物料编码】和【序号】为"1"相交的单元格，单元格变为选择状态，单击其中的小放大镜，在弹出的物料列表中，参考基础资料部分提供的组织间结算价目表13-1的内容，勾选物料，如图13-8所示。

物料勾选完成后，单击【返回数据】按钮，系统将返回所勾选的物料到【明细信息】的表体行中。

参考基础资料部分提供的组织间结算价目表13-1的内容，修改物料的价格。

修改完后，单击【保存】按钮，系统提示保存成功。再单击菜单中的【提交】按钮，系统提示提交成功。

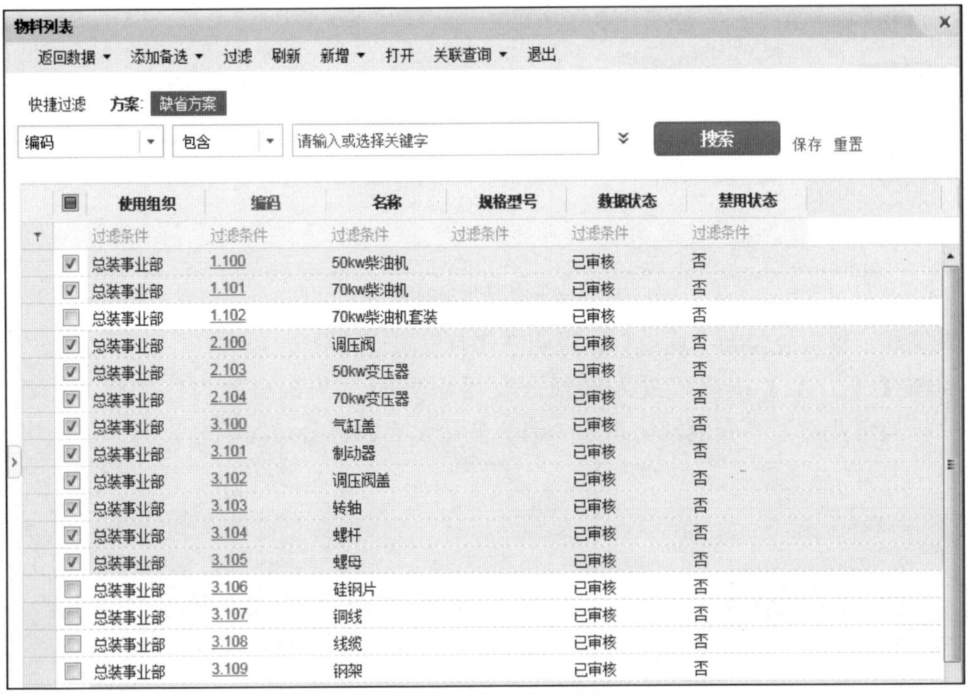

图13-8 勾选组织间结算价目表所需的物料

2. 审核组织间结算价目表

继续以李伟的身份审核组织间结算价目表。

单击【审核】按钮，系统提示组织间结算价目表审核成功。此时，【整单审核状态】从"审核中"变为"已审核"，如图13-9所示。

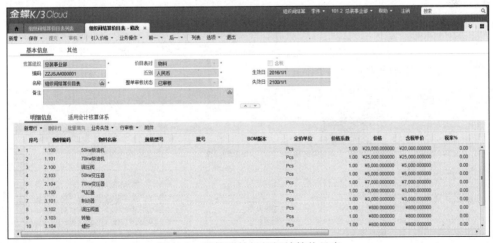

图13-9 审核后的组织间结算价目表

3. 分发组织间结算价目表

继续以李伟的身份分发组织间结算价目表。

单击菜单【业务操作】下的【分发】按钮，系统弹出【业务资料分发向导】窗口，如图13-10所示。

图13-10　业务资料分发向导-权限检查

系统显示权限校验为"通过",说明李伟有权限进行分发。

单击【下一步】按钮,进入选择分发组织页面。在该页面勾选"蓝海柴油机本部""机加事业部""变电器公司""销售公司""销售公司深圳分公司"共5个组织,如图13-11所示。

图13-11　业务资料分发向导-选择分发组织

单击【下一步】按钮,进入分发结果页面。系统开始将结算价目表进行分发,并显示出分发的结果,均显示为成功,如图13-12所示。

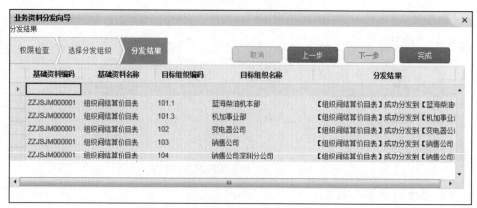

图13-12　业务资料分发向导-分发结果

当组织间结算价目表分发之后,在后续定义组织间结算关系时才能供各个组织引用该结算价目表。

单击【完成】按钮，返回组织间结算价目表的主页面。

4. 新增组织间结算关系

继续以李伟的身份新增组织间结算关系。

(1) 设置组织间结算关系

双击【所有功能】图标，在弹出的功能菜单中，执行【全部】—【供应链】—【组织间结算】—【组织间结算关系】—【组织间结算关系】命令，打开组织间结算关系的新增界面。

单击【会计核算体系】旁的放大镜图标，在弹出的【会计核算体系列表】中，选择【名称】为"利润中心核算体系"一行，如图13-13所示。

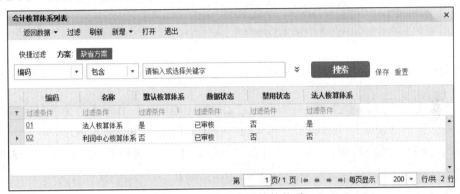

图13-13　选择会计核算体系

单击【返回数据】按钮，系统自动将"02"，即"利润中心核算体系"填入【会计核算体系】框中。

此时，【结算关系明细】页签下的第一行【供货方】从空白变为"总装事业部"。单击第一行的【接收方】旁的放大镜图标，在弹出的【组织机构列表】窗口中，参考表13-2的组织间结算关系，选择"103 销售公司"，如图13-14所示。

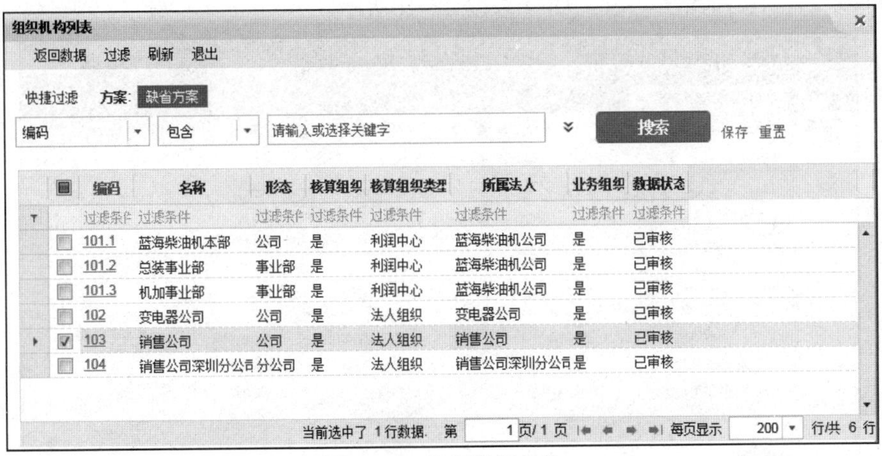

图13-14　选择组织机构

单击【返回数据】按钮，系统自动将"103"即"销售公司"填入接收方的单元格中。

参照表13-2，按照上面的操作方式，将其他的组织间结算关系添加完整。

(2) 设置结算关系所对应的结算价目表

先选择【结算关系明细】页签中的第一行"总装事业部"和"销售公司"的结算关系，再单击【价格来源】页签中第一行的【结算价目表编号】单元格，变为选中状态，单击单元格中的放大镜图标，在弹出的【组织间结算价目列表】窗口中，勾选前面设置的"组织间结算价目表"，如图13-15所示。

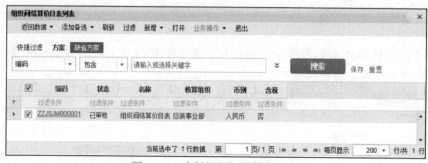

图13-15　选择组织间结算价目表

单击【返回数据】按钮，系统自动将"ZZJSJM000001"填入【结算价目表编号】的单元格中。该价目表就是"总装事业部"与"销售公司"之间的结算价目表。

参照表13-2，按照上面的操作方式，将其他的组织间结算关系的结算价目表添加完整。本案例中，均设置为"ZZJSJM000001"所对应的"组织间结算价目表"。

(3) 保存并提交组织间结算关系

以李伟的身份，单击【保存】按钮，系统提示保存成功。

再单击【提交】按钮，系统提示提交成功。

5. 审核组织间结算关系

继续以李伟的身份审核组织间结算关系。

单击【审核】按钮，系统提示组织间结算关系审核成功。此时，状态从"审核中"变为"已审核"，并显示出审核的印章，如图13-16所示。

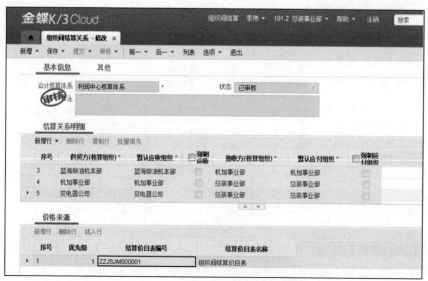

图13-16　审核后的组织间结算关系

实验二 进行组织间结算

应用场景

在独立核算的组织间发生业务交易时,均需要进行组织间结算,这些业务包括跨组织库存调拨业务、跨组织销售业务、跨组织采购业务、跨组织生产领料业务、法人间分销购销业务、跨组织费用分摊等。

本小节实验将以蓝海机械总公司内部的多个组织间业务交易为例,来进行组织间结算的业务处理。

实验步骤

(1) 创建结算清单。
(2) 查看结算清单。
(3) 审核结算清单。
(4) 生成应收应付单。

操作部门及人员

由总装事业部的李秀英创建结算清单,审核结算清单,并生成组织间结算的应收应付单。

实验前准备

(1) 将系统时间调整为2016-1-1。
(2) 继续使用前述账套。

实验数据

1. 系统参数

创建结算清单的系统参数如表13-3所示。

表13-3 创建结算清单的参数设置

参数	内容
结算业务对方组织自动生成结算清单	勾选
有结算价格的应收结算清单自动审核	勾选
审核结算应收清单联动审核应付结算清单	勾选
结算清单审核后自动生成应收(应付)单据	不勾选

2. 基础资料

无。

3. 初始余额

无。

操作指导

1. 创建结算清单

(1) 创建结算清单-选择范围

以总装事业部李秀英的身份登录K/3 Cloud系统主页面。用户名为"李秀英"，默认密码为"888888"。在登录时，系统提示"为了使用安全，请将系统生成密码修改为个人密码！"。单击【确定】按钮后，将密码改为"666666"。

双击【所有功能】图标，在弹出的功能菜单中，执行【全部】—【供应链】—【组织间结算】—【结算清单】—【创建结算清单】命令，打开创建结算清单界面。系统以向导的方式创建结算清单。

单击【会计核算体系】旁的放大镜图标，在弹出的【会计核算体系列表】中，选择"02 利润中心核算体系"，如图13-17所示。

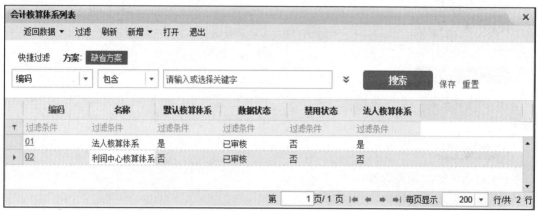

图13-17　选择会计核算体系

单击【返回数据】按钮，系统自动将"02"即"利润中心核算体系"填入【会计核算体系】框中。

单击【核算组织】旁的放大镜图标，在弹出的【组织机构列表】中选择"101.2 总装事业部"，如图13-18所示。

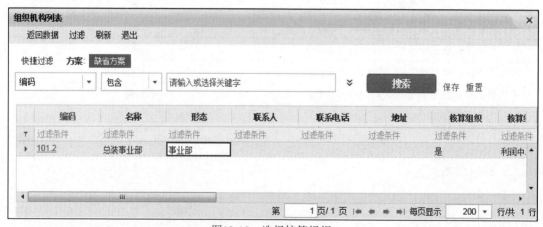

图13-18　选择核算组织

单击【返回数据】按钮，系统自动将"101.2"即"总装事业部"填入【核算组织】框中。

在【结算业务时间选择】部分，将起始日期设置为"2016/1/1"，截止日期设置为"2016/1/31"。

在【结算目标选择】部分，勾选"创建应收结算清单_物料""创建应付结算清单_物料"。

填写完之后，第一步的内容如图13-19所示。

图13-19　创建结算清单-选择范围

(2) 创建结算清单-参数设置

单击【下一步】按钮，进入参数设置页面。

参照表13-3，设置基本参数。其中，需要勾选"结算业务对方组织自动生成结算清单""有结算价格的应收结算清单自动审核""审核结算应收清单联动审核应付结算清单"，如图13-20所示。

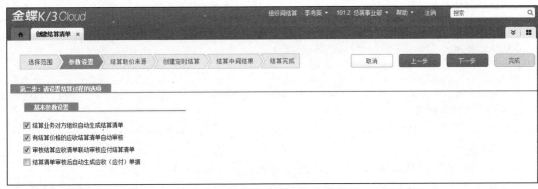

图13-20　创建结算清单-参数设置

(3) 创建结算清单-结算取价来源

单击【下一步】按钮，进入结算取价来源页面。

该页面先显示出跨组织业务类型对应的取价来源。用户可以根据需要修改取价来源。

本实验中，不做修改，采用系统已经设置好的取价来源，如图13-21所示。

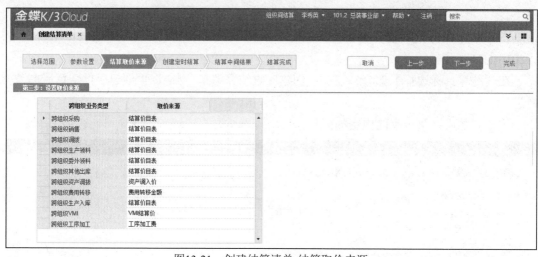

图13-21　创建结算清单-结算取价来源

(4) 创建结算清单-创建定时结算

单击【下一步】按钮，系统自动跳过创建定时结算页面。

(5) 创建结算清单-结算中间结果

系统自动进入结算中间结果页面，并开始提取数据，创建"总装事业部"核算组织下的结算数据，如图13-22所示。

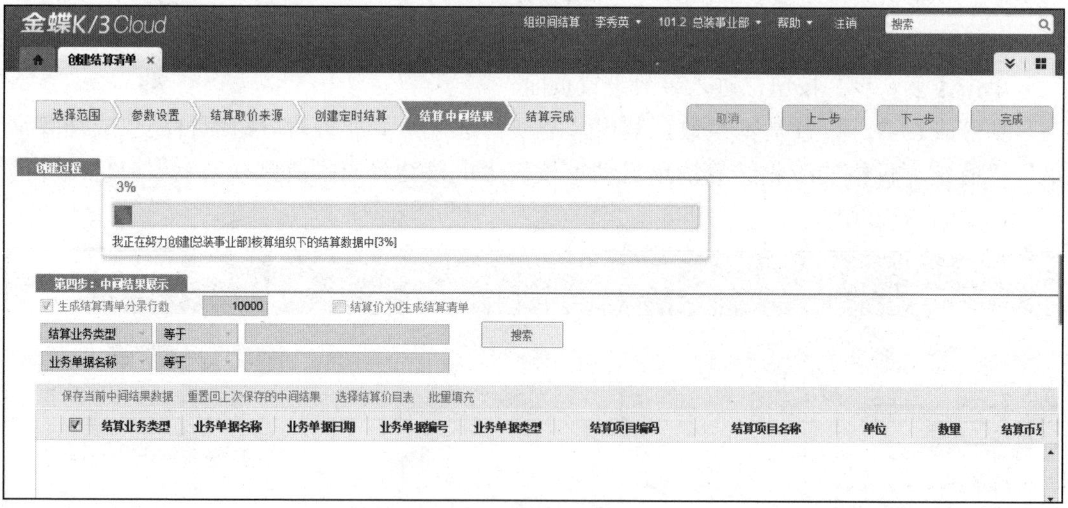

图13-22　创建结算数据

创建结束之后，系统显示出所有内部结算的结果，如图13-23所示。

在该页面，用户可以对中间结果进行处理。可以通过单击【保存当前中间结果数据】【重置回上次保存的中间结果】【选择结算价目表】【批量填充】按钮进行操作。

本实验中，对中间结果不进行处理。

(6) 创建结算清单-结算完成

单击【下一步】按钮，系统进入结算完成页面，并开始提取数据，创建"总装事业部"核算组织下的结算数据,如图13-24所示。

图13-23 结算中间结果

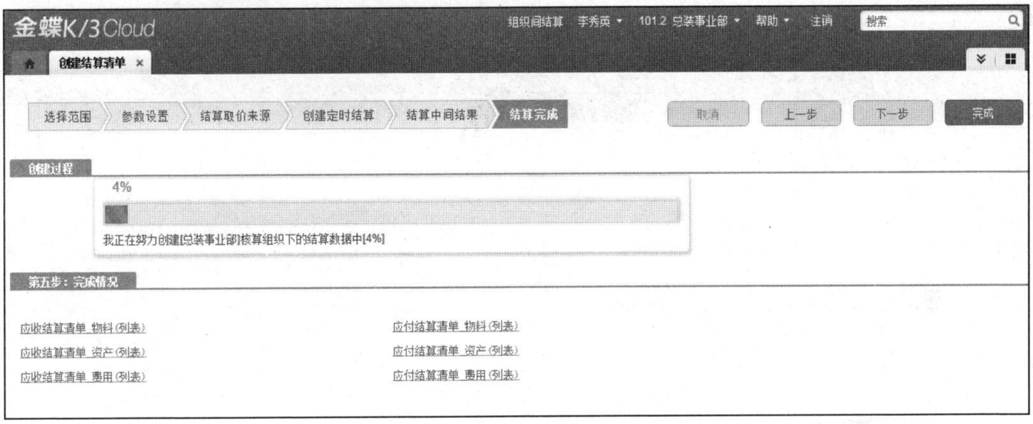

图13-24 结算完成-创建结算数据

当处理完成之后,系统显示出完成情况,显示"创建结算清单成功",如图13-25所示。

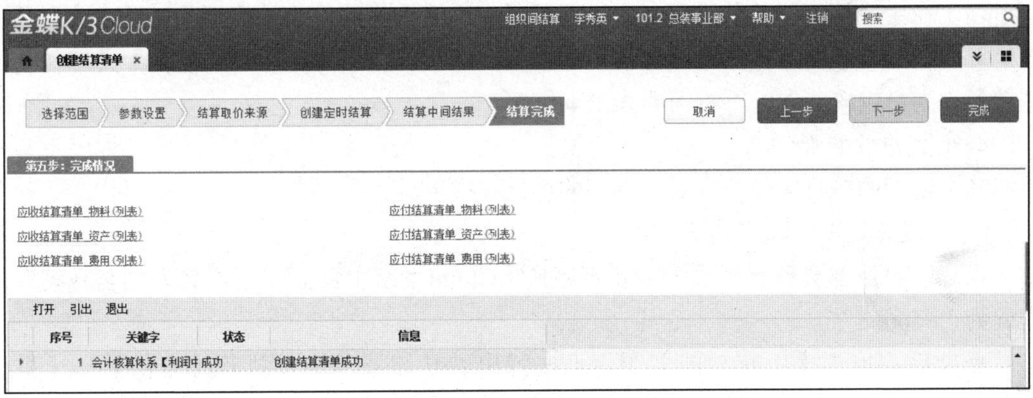

图13-25 结算完成-创建结算清单成功

2. 查看结算清单

继续以李秀英的身份操作。

在结算完成页面,单击【应收结算清单_物料(列表)】按钮,系统显示出创建的应收结算清单。

可以查看在前面章节中所处理的业务,在本次实验中通过创建结算清单,列出各个组织间的应收结算内容,如图13-26所示。

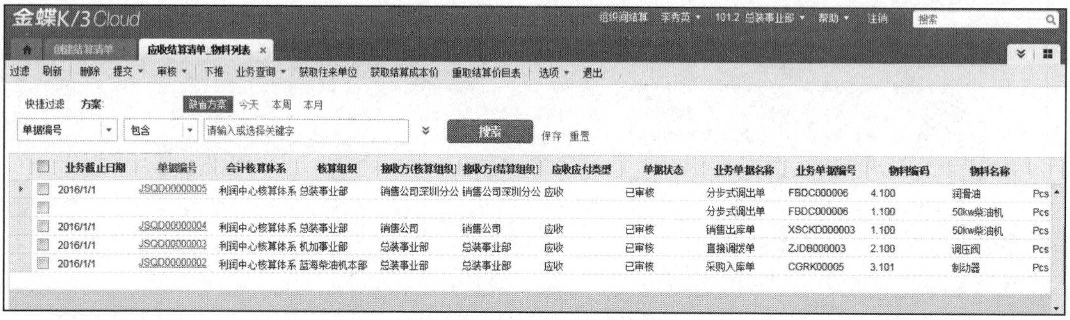

图13-26 查看应收结算清单_物料列表

按照同样的方式,查看【应付结算清单_物料(列表)】的内容,如图13-27所示。

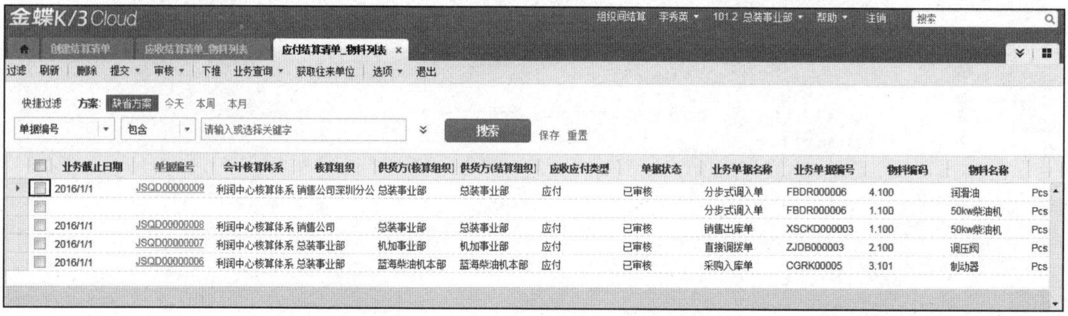

图13-27 查看应付结算清单_物料列表

【应付结算清单_资产(列表)】【应收结算清单_资产(列表)】【应付结算清单_费用(列表)】【应付结算清单_费用(列表)】没有产生相应的结算清单。

3. 审核结算清单

由于在生成结算清单的过程中,设置了【有结算价格的应收结算清单自动审核】【审核结算应收清单联动审核应付结算清单】,因此,可以看到【应收结算清单】【应付结算清单】均为已审核状态,不再需要人工审核。

4. 生成应收应付单

各个组织的应收应付单由对应组织的会计下推生成。

(1) 生成总装事业部应收单

以总装事业部会计李秀英的身份登录K/3 Cloud系统主页面。用户名为"李秀英",密码为"666666"。

登录后,单击【所有功能】图标,在弹出的功能菜单中,执行【全部】—【供应链】—【组织间结算】—【结算清单】—【应收结算清单_物料】命令,打开应收结算清单_物料列表界面。

勾选所有的应收结算清单，如图13-28所示。

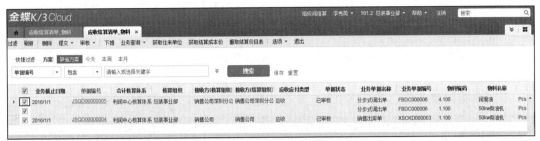

图13-28　勾选应收结算清单_物料

单击【下推】按钮，系统弹出【选择单据】窗口，只能选择"应收单"。在【参数选择】部分，【转换规则】不用修改，默认设置为"组织间结算清单(应收)-应收单"。单据类型也不用修改，默认设置为"标准应收单"，如图13-29所示。

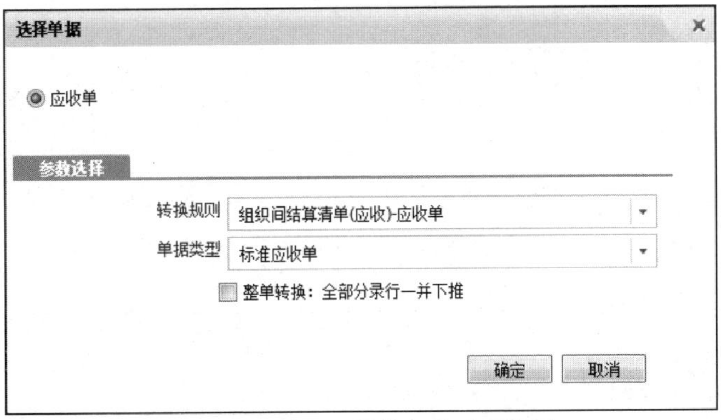

图13-29　单据下推的相关选项设置

单击【确定】按钮后，系统开始生成应收单。生成完毕，进入应收单-生成页面，显示根据组织间结算清单生成的应收单，如图13-30所示。

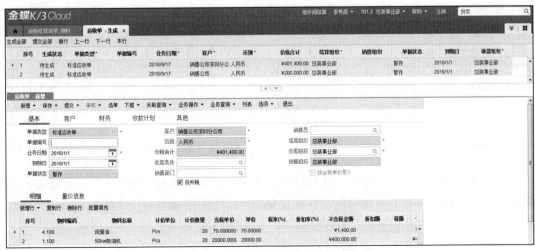

图13-30　由组织间结算清单生成应收单

可以看到，结算组织、收款组织、销售组织均为"总装事业部"。在明细中，可以看到需要结算的是"润滑油""50kw柴油机"两个物料产生的费用。

单击【生成全部】按钮，系统开始正式生成单据。生成完毕，系统提示"2张单据生成成功。"

单击【提交全部】按钮，系统提交全部应收单。提交完毕，提示"全部单据提交成功"。

此时单据的状态变为"审核中"，单据编号也已经生成，如图13-31所示。

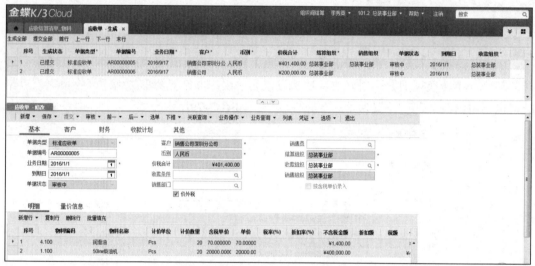

图13-31　正式生成并提交应收单

(2) 生成总装事业部应付单

双击【所有功能】图标，在弹出的功能菜单中，执行【全部】—【供应链】—【组织间结算】—【结算清单】—【应付结算清单_物料】命令，打开应付结算清单_物料界面。

勾选所有的应付结算清单，如图13-32所示。

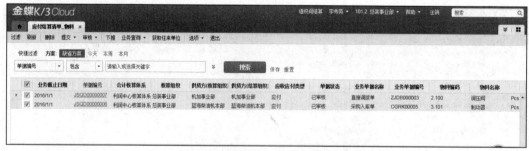

图13-32　勾选应付结算清单_物料

单击【下推】按钮，系统弹出【选择单据】窗口，只能选择"应付单"。在【参数选择】部分，【转换规则】不用修改，默认设置为"组织间结算清单(应付)-应付单"。单据类型也不用修改，默认设置为"标准应付单"，如图13-33所示。

单击【确定】按钮后，系统开始生成应付单。生成完毕，进入应付单-生成页面，显示根据组织间结算清单生成的应付单，如图13-34所示。

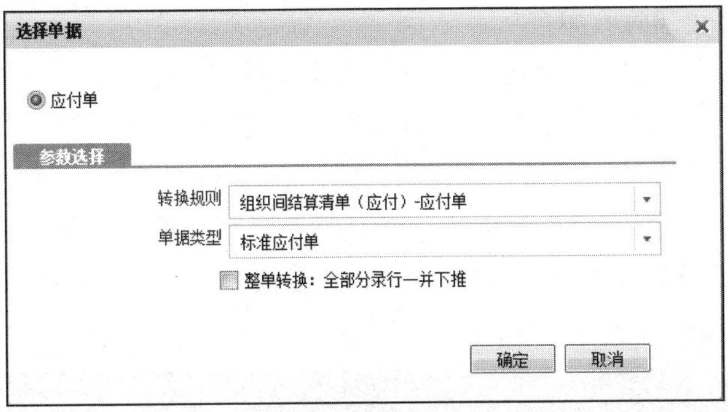

图13-33　单据下推的相关选项设置

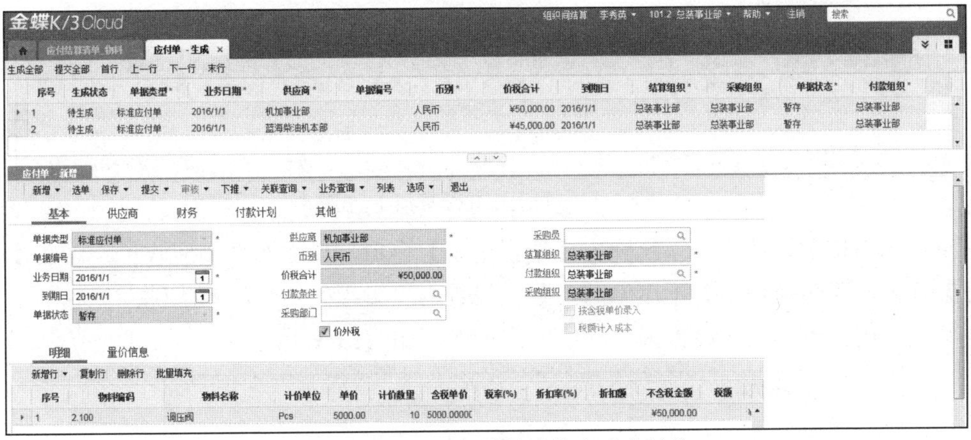

图13-34　由组织间结算清单生成应付单

可以看到，结算组织、付款组织、采购组织均为"总装事业部"。在明细中，可以看到需要结算的是"调压阀"这个物料产生的费用。

单击【生成全部】按钮，系统开始正式生成单据。生成完毕，系统提示"2张单据生成成功。"

单击【提交全部】按钮，系统提交全部应付单。提交完毕，提示"全部单据提交成功"。

此时单据的状态变为"审核中"，单据编号也已经生成，如图13-35所示。

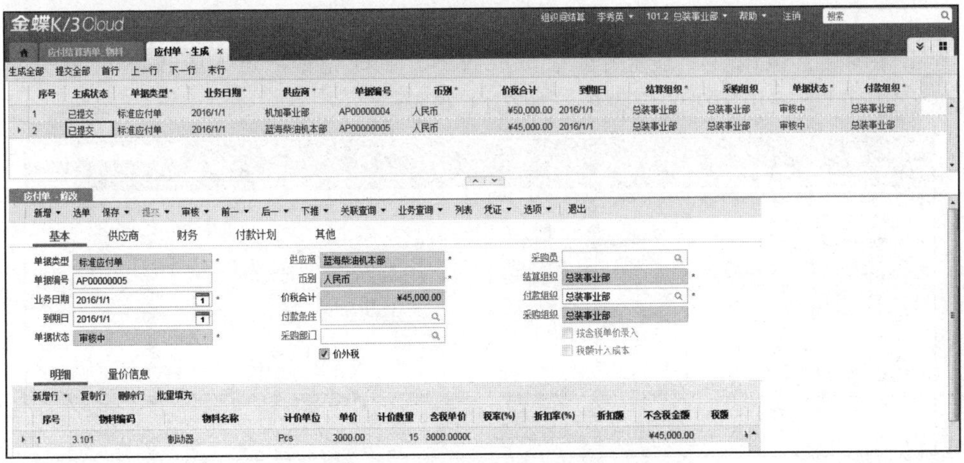

图13-35　正式生成并提交应付单

(3) 生成机加事业部应收单

从图13-26可以看出，机加事业部还有一笔应收单需要结算。

以机加事业部会计张秀英的身份登录K/3 Cloud系统。用户名为"张秀英"，默认密码"888888"。系统提示修改密码，将密码修改为"666666"。

双击【所有功能】图标，在弹出的功能菜单中，执行【全部】—【供应链】—【组织间结算】—【结算清单】—【应收结算清单_物料】命令，打开应收结算清单_物料界面。

勾选所有的应收结算清单，如图13-36所示。

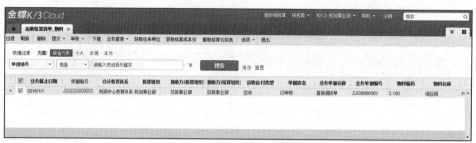

图13-36　勾选应收结算清单_物料

单击【下推】的按钮，系统弹出【选择单据】窗口，只能选择"应收单"。在【参数选择】部分，【转换规则】不用修改，默认设置为"组织间结算清单(应收)-应收单"。单据类型也不用修改，默认设置为"标准应收单"，如图13-37所示。

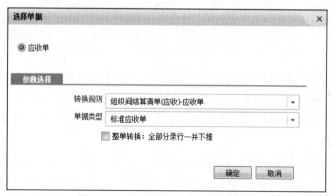

图13-37　单据下推的相关选项设置

单击【确定】按钮后，系统开始生成应收单。生成完毕，进入应收单-生成页面，显示根据组织间结算清单生成的应收单，如图13-38所示。

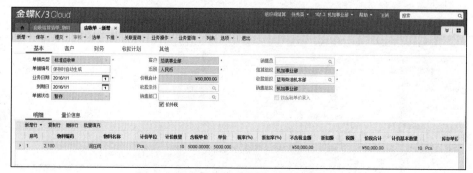

图13-38　由组织间结算清单生成应收单

可以看到，结算组织、销售组织均为"机加事业部"。因机加事业部没有收款的功能权限，因此需要将【收款组织】设置为其主体公司"蓝海柴油机本部"。在明细中，可以看到需要结算的是"调压阀"这个物料产生的费用。

单击【保存】按钮，系统开始保存单据。保存完毕，系统提示单据保存成功。

单击【提交】按钮，系统提交应收单。提交完毕，提示单据提交成功。

此时单据的状态变为"审核中"，单据编号也已经生成，如图13-39所示。

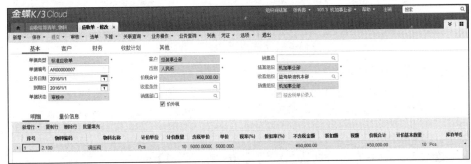

图13-39　正式生成并提交应收单

(4) 生成蓝海柴油机本部应收单

从图13-26可以看出，蓝海柴油机本部还有一笔应收单需要结算。

以蓝海柴油机本部会计刘伟的身份登录K/3 Cloud系统，用户名为"刘伟"，密码为"666666"。

参考前面的操作描述，生成蓝海柴油机本部的应收单，并提交该应收单。详细过程不再描述，结果如图13-40所示。

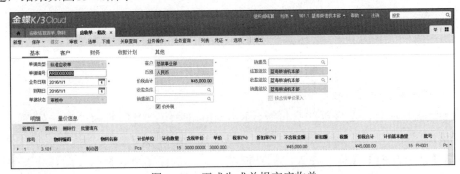

图13-40　正式生成并提交应收单

(5) 生成销售公司深圳分公司应付单

从图13-27可以看出，销售公司深圳分公司还有一笔应付单需要结算。

以销售公司深圳分公司会计王涛的身份登录K/3 Cloud系统。用户名为"王涛"，默认密码"888888"。系统提示修改密码，将密码修改为"666666"。

进入K/3 Cloud主界面，默认组织为【103 销售公司】，选择组织为【104 销售公司深圳分公司】。

参考前面的操作描述，生成销售公司深圳分公司的应付单，并提交该应付单。详细过程不再描述，结果如图13-41所示。

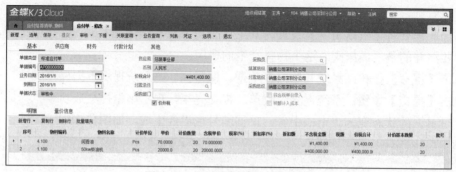

图13-41 正式生成并提交应付单

(6) 生成销售公司应付单

从图13-27可以看出，销售公司还有一笔应付单需要结算。

以销售公司会计王艳的身份登录K/3 Cloud系统，用户名为"王艳"，密码为"666666"。

进入K/3 Cloud的主界面，默认组织为【103 销售公司】。

参考前面的操作描述，生成销售公司的应付单，并提交该应付单。详细过程不再描述，结果如图13-42所示。

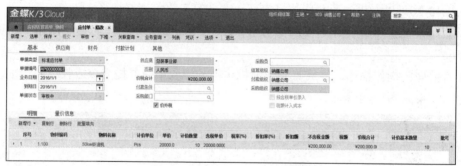

图13-42 正式生成并提交应付单

(7) 审核总装事业部应收应付单

以总装事业部会计李秀英的身份登录K/3 Cloud系统。用户名为"李秀英"，密码为"666666"。

双击【所有功能】图标，在弹出的功能菜单中，执行【全部】—【财务会计】—【应收款管理】—【销售应收】—【应收单列表】命令，打开应收单列表界面。

勾选所有的应收单，单击【审核】按钮，系统弹出处理结果页面，显示所有应收单审核成功，如图13-43所示。

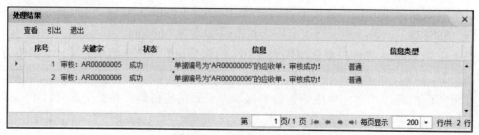

图13-43 应收单审核结果

单击【退出】按钮,返回应收单列表界面。双击其中一行应收单,弹出应收单的单据界面,可看到该应收单已经审核,并附加审核印章,如图13-44所示。

图13-44 应收单审核完成

双击【所有功能】图标,在弹出的功能菜单中,执行【全部】—【财务会计】—【应付款管理】—【采购应付】—【应付单列表】命令,打开应付单列表界面。

勾选所有的应付单,单击【审核】按钮,系统弹出处理结果页面,显示所有应付单审核成功,如图13-45所示。

图13-45 应付单审核结果

单击【退出】按钮,返回应付单列表界面。双击其中一行应付单,弹出应付单的单据界面,可看到该应付单已经审核,并附加审核印章,如图13-46所示。

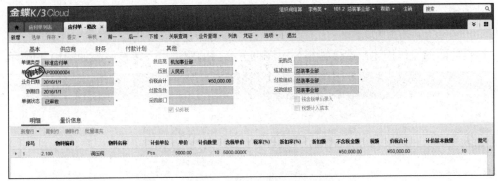

图13-46 应付单审核完成

(8) 审核机加事业部应收单

以机加事业部会计张秀英的身份登录K/3 Cloud系统,用户名为"张秀英",密码为"666666"。

参照前面的操作描述，审核机加事业部的应收单。审核结果如图13-47所示。

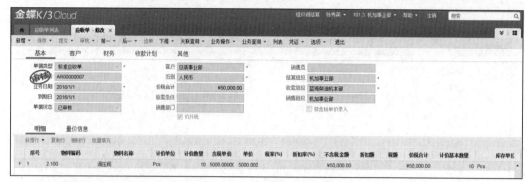

图13-47　应收单审核完成

(9) 审核蓝海柴油机本部应收单

以蓝海柴油机本部会计刘伟的身份登录K/3 Cloud系统，用户名为"刘伟"，密码为"666666"。

参照前面的操作描述，审核蓝海柴油机本部的应收单。审核结果如图13-48所示。

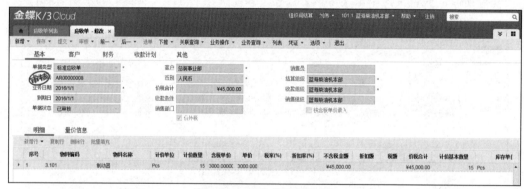

图13-48　应收单审核完成

(10) 审核销售公司深圳分公司应付单

以销售公司深圳分公司会计王涛的身份登录K/3 Cloud系统。用户名为"王涛"，密码为"666666"。

参照前面的操作描述，审核销售公司深圳分公司的应付单。审核结果如图13-49所示。

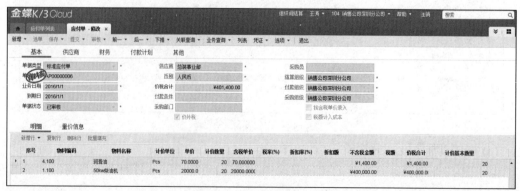

图13-49　应付单审核完成

(11) 审核销售公司应付单

以销售公司会计王艳的身份登录K/3 Cloud系统。用户名为"王艳",密码为"666666"。

参照前面的操作描述,审核销售公司的应付单。审核结果如图13-50所示。

图13-50 应付单审核完成

自此,组织间结算的实验完成。

上述实验做完后,备份账套,备份文件名为"F蓝海机械总公司(存货核算前账套)"。

第14章 存货核算

14.1 系统概述

存货核算是指企业存货价值(即成本)的计量,用于工商业企业存货出入库核算、存货出入库凭证处理、核算报表查询、期初期末库存余额处理及相关资料的维护。存货核算将在各业务系统流转的存货进行统一核算,并通过会计凭证,将存货价值反映到财务会计报表中。

▶ 14.1.1 存货核算系统基本业务流程

存货核算系统有6个基本业务环节,包括基础设置、初始化、存货核算、报表分析、账务处理、期末处理。这6个业务环节基本涵盖存货核算日常业务处理流程,具体业务处理流程如图14-1所示。

存货核算流程图					
基础设置»	初始化»	存货核算»	报表分析»	账务处理»	期末处理»
组织机构(核算组织)	启用存货核算系统	入库应付自动勾稽	合法性检查报告	凭证生成	期末关账
会计核算体系	初始核算数据录入	采购费用分配	核算单据查询	凭证生成情况查询	期末结账
会计政策	存货核算初始化	采购入库核算	存货核算汇总报告	业务凭证查询	
参数设置		入库成本维护	存货核算明细报告	总账凭证查询	
核算范围		零成本批量维护	存货收发存汇总表		
物料计价方法		委外入库核算	存货收发存明细表		
物料计价方法变更		成本调整			
费用项目		出库成本核算			
		其他存货核算			

备注:期末正式结账时,必须按期末关账→存货核算→期末结账流程执行。

图14-1 存货核算系统主要操作流程

14.1.2 重点功能概述

存货核算系统以支持多工厂、多组织、多会计核算制度灵活准确地核算存货成本为目标，通过与供应链、生产制造、应收应付、资产管理、总账等系统的无缝集成，为企业成本管理提供精确的成本分析数据，其主要功能包括存货核算、成本调整、报表分析、账务处理、期末处理等。

存货核算支持的成本核算维度包括：
① 支持多工厂多组织成本核算。
② 支持存货成本按费用项目分项核算。
③ 支持符合会计准则的多种计价方法核算，如移动平均法、加权平均法、先进先出法等。
④ 支持灵活的个别计价方法核算，如按批号、仓库、仓位、BOM编号、辅助属性等物料维度核算。
⑤ 支持按货主、库存组织、仓库三要素划分核算范围。

14.2 实验练习

实验一　采购入库核算

应用场景

采购入库核算是指将企业日常经营活动中采购物料或商品所发生的费用，包括购买价款及可归属于存货成本的相关采购费用，如关税、运输费、装卸费、保险费等，按照核算规则计入对应物料或商品的入库成本。

实验步骤

(1) 新增采购费用应付单。
(2) 采购费用分配。
(3) 下推采购入库单。
(4) 入库成本维护。
(5) 采购入库核算。

操作部门及人员

变电器公司会计李敏、变电器公司仓管员张磊。

实验前准备

(1) 恢复账套"F蓝海机械总公司(存货核算前账套)"。

(2) 将系统日期设置为2016-1-1。

实验数据

1. 新增采购费用应付单

变电器公司发生采购运费30元，新增应付单信息如表14-1所示。

表14-1 应付单

单据类型	费用应付单	费用项目编码	FYXM02-SYS
业务日期	2016/1/1	费用项目	运费
到期日	2016/1/1	计价数量	1.00
供应商	美华公司	含税单价	30
结算组织、付款组织、采购组织	变电器公司	税率	11%

2. 采购费用分配

将变电器公司编号为AP00000008的应付单在编号为CGRK00002与CGRK00003的库存单据之间进行采购费用的分配。

3. 下推采购入库单

变电器公司仓管员张磊根据原硅钢片的采购订单下推采购入库单，采购入库单信息如表14-2所示。

表14-2 采购入库单

单据类型	标准采购入库	供应商	明锐五金
业务类型	标准采购	物料编码	3.106
入库日期	2016/1/1	物料名称	硅钢片
收料组织	变电器公司	应收数量	20
需求组织	变电器公司	实收数量	20
采购组织	变电器公司	仓库	变电器原料仓

4. 入库成本维护

变电器公司会计李敏对入库成本进行维护，2016年1月1日入库的硅钢片单价为460元/Pcs。

5. 采购入库核算

变电器公司会计李敏进行采购入库核算，核算组织设置信息如表14-3所示。

表14-3 采购入库核算组织设置

核算体系编码	01	核算体系名称	法人核算体系
核算组织编码	102	核算组织名称	变电器公司
会计政策编码	KJZC01_SYS	会计政策名称	中国准则会计政策

操作指导

1. 新增采购费用应付单

变电器公司会计李敏在K/3 Cloud系统主界面，执行【财务会计】—【应付款管理】—【采购应付】—【付款单】命令,在新增的付款单中填入案例信息后,进行保存、提交,如图14-2所示。

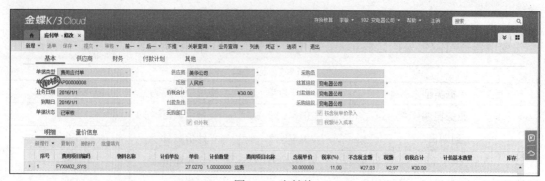

图14-2 应付单

2. 采购费用分配

变电器公司会计李敏在K/3 Cloud系统主界面,执行【成本管理】—【存货核算】—【存货核算】—【采购费用分配】命令,单击菜单栏上的【应付单】按钮,在弹出的"列表过滤"对话框中,选择可选组织为"变电器公司",如图14-3所示,单击【确定】按钮。

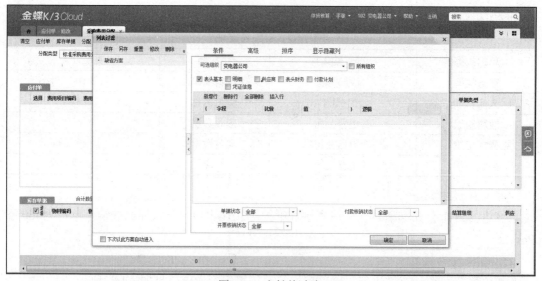

图14-3 应付单过滤

单击菜单栏上的【库存单据】按钮,在弹出的"列表过滤"对话框中,选择可选组织为"变电器公司",如图14-4所示,单击【确定】按钮。

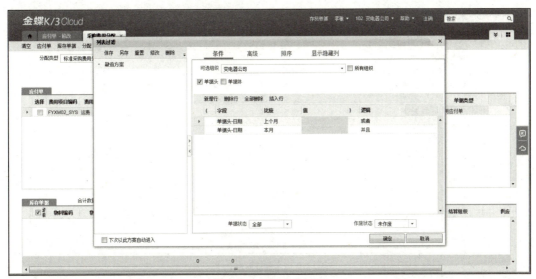

图14-4 库存单据过滤

勾选过滤后的应付单和库存单据，单击菜单栏上的【分配】按钮，系统会进行采购费用的分配并提示分配成功，如图14-5所示。

图14-5 采购费用分配

3. 下推采购入库单

变电器公司仓管员张磊在K/3 Cloud系统主界面，执行【供应链】—【采购管理】—【订单处理】—【采购订单列表】命令，在【采购订单列表】页签中选择"硅钢片"的采购订单，然后单击菜单栏上的【下推】按钮，如图14-6所示。

在弹出的"选择单据"对话框中，选择"采购入库单"，如图14-7所示，单击【确定】按钮。

在下推生成的采购入库单中填入仓库信息为"变电器原料仓"，然后进行保存、提交、审核，如图14-8所示。

图14-6 采购订单下推

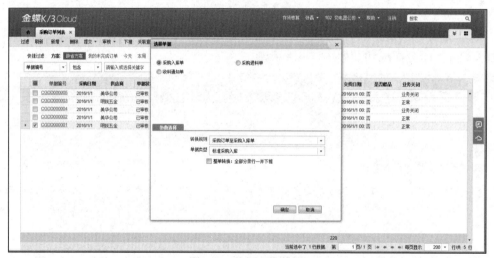

图14-7 选择下推单据

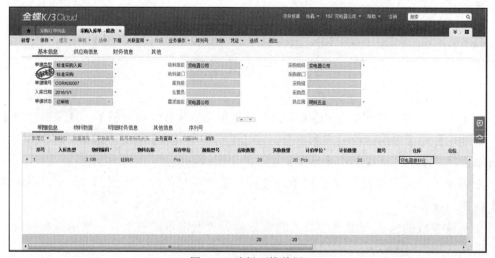

图14-8 选择下推单据

4. 入库成本维护

变电器公司会计李敏在K/3 Cloud系统主界面，执行【成本管理】—【存货核算】—【存货核算】—【入库成本维护】命令，在弹出的"入库成本维护过滤条件"对话框中选择默认的过滤条件，如图14-9所示，单击【确定】按钮。

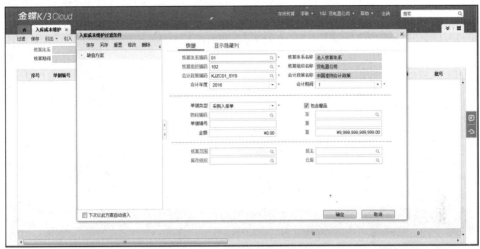

图14-9　入库成本维护过滤条件

在过滤出的采购入库单中填入案例数据，硅钢片的单价为"460"元，单击【保存】按钮，如图14-10所示。

图14-10　入库成本维护

5. 采购入库核算

变电器公司会计李敏在K/3 Cloud系统主界面，执行【成本管理】—【存货核算】—【存货核算】—【采购入库核算】命令，在向导界面填入案例信息后单击【下一步】按钮，如图14-11所示。

核算完毕，单击向导界面的【核算列表查询】按钮联查入库成本数据，如图14-12所示。

通过"核算列表查询"可以看到自动核算的结果，如图14-13所示，核对数据一致，即可退出界面。

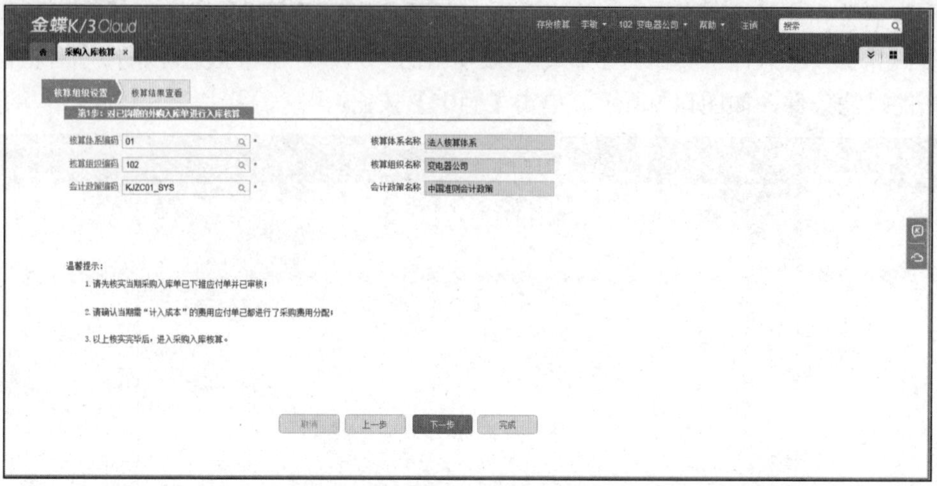

图14-11 采购入库核算组织设置

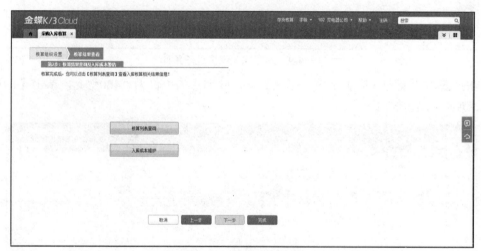

图14-12 核算列表查询

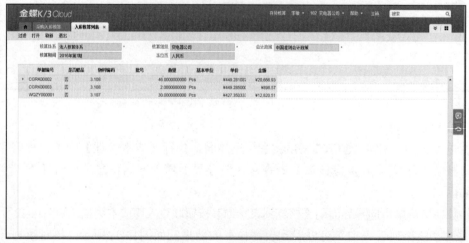

图14-13 入库核算列表

实验二　出库成本核算

应用场景

出库成本核算是指根据物料的入库成本及期初余额，按照确定的计价方法核算出其出库成本，支持加权平均法、移动平均法、先进先出法以及个别计价法。

实验步骤

(1) 出库成本核算。
(2) 输出报表。

操作部门及人员

变电器会计李敏。

实验前准备

接实验一继续练习。

实验数据

出库成本核算时选择范围信息如表14-4所示。

表14-4　出库成本核算选择范围

核算体系	法人核算体系	会计年度	2016
核算组织	变电器公司	会计期间	1
会计政策	中国准则会计政策	出库核算前必做事项	简单生产入库成本

出库核算前进行简单生产入库成本维护，维护信息如表14-5所示。

表14-5　简单生产入库成本维护

物料编码	物料名称	存货类别	数量	单价	仓库
核算组织	变电器公司	会计期间	1	2300	变电器成品仓

操作指导

1. 出库成本核算

变电器会计李敏在K/3 Cloud系统主界面，执行【成本管理】—【存货核算】—【出库成本核算】命令，在向导界面按照案例信息选择范围，如图14-14所示。

在【出库核算前必做事项】中选择"简单生产入库成本"后，进入【入库成本维护】页签，选择默认的过滤条件，如图14-15所示，单击【确定】按钮。

在【入库成本维护】页签中录入案例资料后，单击【保存】按钮，如图14-16所示，然后回到【出库成本核算】页签单击【下一步】按钮。

返回【出库成本核算】页签，选择默认的参数设置，如图14-17所示，单击【下一步】按钮。

系统进行自动核算，并弹出核算进度条，如图14-18所示。

待核算全部完成后，在向导界面可以直接看到报表联查的链接，如图14-19所示。

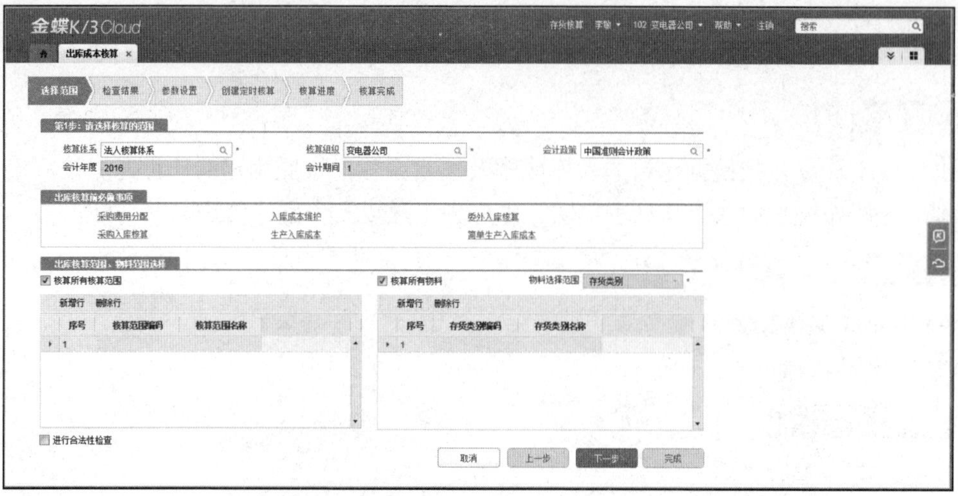

图14-14 选择范围

图14-15 入库成本维护过滤条件

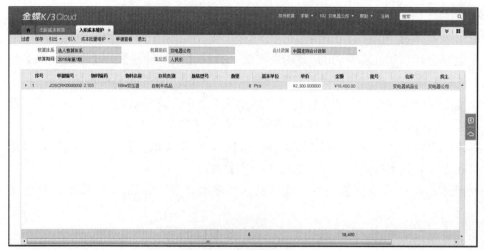

图14-16 入库成本维护

图14-17 出库成本核算—参数设置

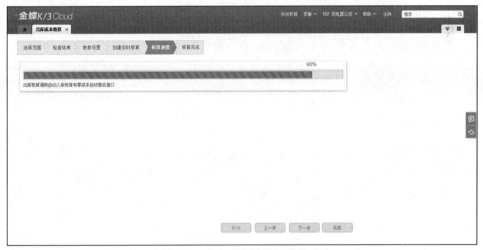

图14-18 出库成本核算—核算进度

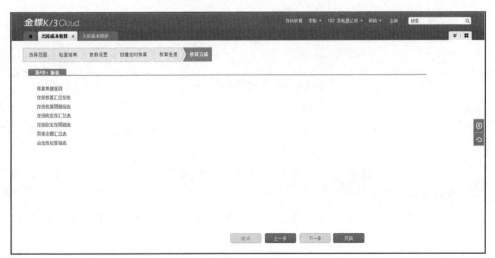

图14-19 出库成本核算—核算完成

注意：

① 勾选左下角参数"进行合法性检查"，当所有的检查结果都为通过时，检查完毕，可以进行下一步操作。

② 如果检查项"单据未包含在核算范围内"提示未通过，查看详细信息，检查单据的组织字段，联查核算范围基础资料，是否有组织未设置核算范围。处理完毕，重新进行"合法性检查"操作。

③ 如果检查项"核算单据审核状态"提示未通过，查看详细信息，根据提示的单据，进入相应的单据列表处理相关单据。处理完毕，重新进行"合法性检查"操作。

④ 如果检查项"入库序列单据单价小于等于0"，请检查对应的单据是否已经维护了入库成本。处理完毕，重新进行"合法性检查"操作。

3. 输出报表

核算完毕后，在出库成本核算-核算完成界面可以选择"核算单据查询""存货核算汇总报告""存货核算明细报告""存货收发存汇总表""存货收发存明细表""异常月汇总表"等报表。比如打开"存货收发存汇总表"，可以查看存货各核算期间的收发存总体信息，包括期初余额、本期收入、本期发出、期末结存汇总信息，如图14-20所示。

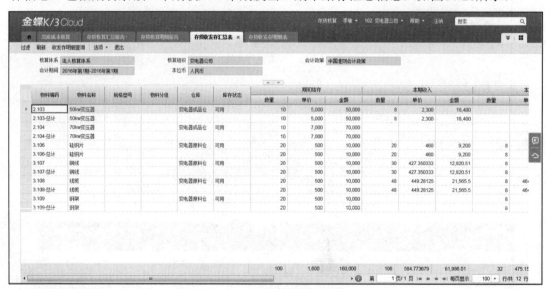

图14-20　存货收发存汇总表

注意：

① 按"核算体系+核算组织+会计政策"查询，并支持跨期查询及联查存货收发存明细表。

② 会计政策→成本政策勾选"存货核算按费用明细项目核算"时，存货收发存汇总表支持按费用项目分项汇总查询。

③ 上述这些报表，也可以通过【成本管理】—【存货核算】—【报表分析】菜单方式进入。